RÉPUBLIQUE FRANÇAISE

LIBERTÉ — ÉGALITÉ — FRATERNITÉ

NOUVELLE-CALÉDONIE & DÉPENDANCES

CONSEIL GÉNÉRAL

DÉLIBÉRATION

SUR LA

QUESTION DOMANIALE

(18 mai 1887)

NOUMÉA

IMPRIMERIE NOUMÉENNE

1887

CONSEIL GÉNÉRAL

RÉPUBLIQUE FRANÇAISE

LIBERTÉ — ÉGALITÉ — FRATERNITÉ

NOUVELLE-CALÉDONIE & DÉPENDANCES

CONSEIL GÉNÉRAL

DÉLIBÉRATION

SUR LA

QUESTION DOMANIALE

(18 mai 1887)

NOUMÉA

IMPRIMERIE NOUMÉENNE

1887

CONSEIL GÉNÉRAL

Délibération sur la Question Domaniale

(Séance du 18 mai 1887)

L'an mil huit cent quatre-vingt-sept, le dix-huit mai à deux heures de l'après-midi, le Conseil Général s'est réuni dans la Salle de ses délibérations.

Conseillers présents :

MM. Bernier,	Leconte,
Bouscarel,	Lomont,
Caulry,	Pelatan,
Delabaume,	Puech,
Desjardins,	Servet,
Dézarnaulds,	Simon,

Absents excusés : MM. de Greslan, Maurin, Rousseau et Tauveron.

M. Dézarnaulds occupe le fauteuil de la présidence.

Le Directeur de l'Intérieur et le Secrétaire Général assistent à la séance.

....

....

L'ordre du jour appelle la

QUESTION DOMANIALE

M. Desjardins a la parole.

Messieurs, la question que je vais avoir l'honneur de traiter devant vous est peut-être la plus importante de toutes celles qui jusqu'ici ont été soumises à votre examen; pour ma part, je n'en connais pas de plus grave; car c'est de sa solution que dépend, à mon avis, l'existence même de la colonie.

C'eût été une grande présomption à moi que d'entreprendre seul ce travail, si je n'eusse trouvé le terrain en quelque sorte tout préparé par les remarquables études de MM. Delabaume et Caulry. Je me suis aidé de leurs excellents rapports, et vous le verrez : je n'ai rien inventé. Je ne ferai que reproduire leurs arguments, persuadé qu'ils s'imposeront à vous par leur extrême simplicité.

La question du domaine a pris naissance à la suite du décret du 16 août 1884, délimitant le territoire pénitentiaire en Nouvelle-Calédonie. Par ce décret, le Chef d'Etat avait simplement voulu assurer dès à présent la propriété d'une certaine partie des terres de la colonie à la transportation et lui réserver pour l'avenir, si besoin était, les terres des indigènes qui deviendraient, plus tard, vacantes. Pour le surplus, il paraît n'avoir voulu innover ni déroger en rien aux droits qu'avait possédés jusque là la colonie relativement à la propriété de son territoire.

C'est, cependant, du texte de ce décret que le Ministre a pris depuis argument pour prétendre que la colonie ne possédait aucun domaine qui lui fût propre, et pour déclarer que toutes les terres en Nouvelle-Calédonie appartenaient à l'Etat.

Pour arriver à cette conclusion, le Département s'est approprié la théorie émise par le Comité consultatif du contentieux de la marine et des colonies dans une consultation en date du 10 mars 1884 ayant pour objet l'examen des titres de concessions de la mission mariste. Cette théorie peut se résumer ainsi : toutes les terres de la Nouvelle-Calédonie sont devenues propriété de l'Etat par la déclaration qu'a faite le marquis du Bouzet le 20 janvier 1855. Par suite, la colonie n'a jamais eu le droit d'en disposer; car, aux termes de la loi des 22 novembre, — 1er décembre 1790, les domaines nationaux ne peuvent être aliénés que par une loi. Tous les arrêtés locaux relatifs à la législation domaniale sont donc nuls, et nulles par conséquent toutes les aliénations qui ont pu être faites par le Service local en vertu des ces arrêtés. Néanmoins les droits acquis par les tiers seront respectés : mais à l'avenir l'Etat reprend le plein exercice de ses droits de propriétaire et seul, désormais, il pourra aliéner et profiter du prix des aliénations.

Le Département oubliait sans doute que la Nouvelle-Calédonie est soumise au régime des décrets; que la loi de 1790 n'y a jamais été promulguée; que cette loi ne peut en conséquence recevoir ici son application; que, d'ailleurs, pour être logique, du moment qu'on prétendait que la loi de 1790 était applicable à la Nouvelle-Calédonie, il n'y avait plus qu'à faire table rase de tous les droits acquis par les tiers, puisque les aliénations qui leur avaient été consenties étaient nulles de plein droit comme faites *a non domino* et qu'il est de principe qu'on ne peut ratifier les actes qui n'ont jamais eu et ne peuvent avoir d'existence légale.

Dès à présent, vous pouvez vous rendre compte, Messieurs, de quelles fausses prémisses le Gouvernement de la métropole est parti.

Diverses dépêches furent adressées à l'Administration locale à la suite du décret du 16 août, qui toutes constituaient des empiètements successifs sur le domaine de la colonie. Le Chef de l'Etat n'avait entendu prendre que les 110,000 hectares nécessaires aux besoin de la colonisation pénale et réserver pour les besoins futurs de la transportation, s'il y avait lieu, les terres des indigènes qui pourraient devenir libres par suite de la disparition des tribus : le Ministère mis en appétit, accapare le territoire tout entier.

Par suite des mesures qui furent prises, vous savez, Messieurs, à quels embarras financiers nous avons été soumis; le Département s'arrogea non seulement le droit de suspendre les concessions de terres ou de ne les accorder que suivant son bon plaisir, mais encore il mit la main sur tous les revenus du domaine.

Le Gouvernement local lui fit de respectueuses représentations et déclara que l'état des finances de la colonie ne lui permettait pas de vivre dans les conditions qui lui étaient faites. C'est alors qu'on se décida à nous abandonner une partie de ces revenus.

Aujourd'hui, après tant de vicissitudes, notre situation n'a fait qu'empirer. Plus que jamais les prétentions du Département à notre dépossession absolue s'affirment, et, déjà, des paroles on a passé aux actes.

Une triple question se pose donc pour nous :

En fait, possédons-nous un domaine colonial; en droit, ce domaine a-t-il été constitué régulièrement,— si oui, à quels moyens devons nous recourir pour éviter la spoliation dont nous sommes menacés?

Je vais examiner successivement ces trois points, et je ferai cet examen surtout en m'aidant des documents dont je vous donnerai lecture ; documents fastidieux, à la vérité, mais auxquels vous voudrez bien prêter toute votre attention en faveur de l'importance de la question à laquelle ils se réfèrent.

Le premier acte, sur lequel on s'appuie pour contester à la colonie la propriété de son domaine, est, je vous l'ai déjà dit, la déclaration de M. du Bouzet en date du 20 janvier 1855. Voyons les termes de cette déclaration et examinons s'ils ont réellement le sens et la portée que le Ministre a bien voulu leur donner.

DÉCLARATION du Chef de Division, Gouverneur des Etablissements français de l'Océanie, relative à la propriété et à l'aliénation des terres en Nouvelle-Calédonie et dépendances.

Le Chef de Division, Gouverneur des Etablissements français de l'Océanie, Commissaire impérial près des îles de la Société,

Considérant qu'il est de principe que lorsqu'une puissance maritime se rend souveraine d'une terre non encore occupée par une nation civilisée et possédée seulement par des tribus sauvages, cette prise de possession annule tous les contrats antérieurs faits par des particuliers avec les naturels de ce pays ; qu'en conséquence, les chefs et les indigènes de la Nouvelle-Calédonie et de ses dépendances n'ont jamais eu ni ne peuvent avoir le droit de disposer en tout ou partie du sol occupé par eux en commun, ou comme propriété particulière, soit par vente, échange, don volontaire ou mode de transmission quelconque, en faveur d'individus qui ne font pas partie de leur tribu, qui ne sont pas aborigènes dudit territoire ;

1° Conformément aux instructions qui lui ont été données au nom de sa majesté l'Empereur, par son ministre, Secrétaire d'Etat au Département de la marine et des colonies, de ne reconnaître d'autres titres à la propriété du sol de la Nouvelle-Calédonie et dépendances, que ceux qui émaneront du gouvernement de sa Majesté, par l'intermédiaire de son représentant dans ces îles, déclare nuls et non valides tous les contrats qui peuvent avoir été faits avec les chefs et les indigènes, tous les achats ou prétendus achats, échanges, dons et transmissions, à quelque titre que ce soit, et les défend à l'avenir ;

2° Le Gouvernement se réserve exclusivement le droit d'acheter les terres occupées par les indigènes, et la propriété, comme domaines domaniaux, de toutes les terres non occupées, ainsi que les forêts, bois de construction, mines de toute espèce qu'elles renferment. Lui seul pourra en faire la concession aux colons qui viendront s'établir dans ces îles, soit par vente cession gratuite ou tout autre mode et à des conditions qui seront ultérieurement fixées ;

3° Considérant, d'un autre côté, qu'après avoir établi au commencement de l'occupation, les droits de la souveraineté, conformément aux principes du droit international, l'intention du Gouvernement de sa Majesté est de traiter d'une manière équitable, les colons sérieux et entreprenants qui, antérieurement à la prise de possession, ont fondé, dans les îles de la Nouvelle-Calédonie et leurs dépendances, des établissements permanents;

Une Commission sera nommée pour examiner les titres qu ils peuvent avoir acquis à la possession de la partie du sol qu'ils occupent et ont mis en culture, et une concession provisoire pourra leur être faite de ce sol, à titre gratuit, par le Gouverneur, jusqu'à ce qu'un titre de propriété en règle, leur soit conféré par son Excellence le Ministre de la marine ;

4° Dans les concessions qui seront ainsi faites, on ne comprendra jamais aucun cap ou promontoire, baie ou île, ni aucune partie de territoire qui puisse être un jour nécessaire à la défense du pays, ou choisie comme emplacement pour fonder une ville.

Fait à la Nouvelle-Calédonie, au port de Nouméa, le 20 janvier 1855.

Signé : Du Bouzet.

Dès à présent, Messieurs, n'êtes-vous pas frappés de voir que dans un document qu'on nous oppose comme établissant les droits de l'Etat sur le territoire de la Nouvelle-Calédonie, on ne voit pas figurer une seule fois le nom de l'Etat ? La raison en est bien simple. C'est un marin qui prend possession d'une terre lointaine au nom de l'empereur ; va-t-il entrer dans des questions de droit qui lui sont étrangères et qui sont d'ailleurs très-ardues ? Va-t-il déclarer que cette terre sera la propriété de l'Etat et que les concessions ne pourront être accordées que dans les conditions prescrites par la loi du 22 novembre, — 1er décembre 1790 ? Il s'en gardera bien. Il exécute « les « instructions qui lui ont été données au nom de sa « Majesté l'Empereur, par son Ministre, secrétaire « d'Etat au Département de la Marine et des colonies,

« de ne reconnaître d'autres titres à la propriété du « sol de la Nouvelle-Calédonie et dépendances que « ceux qui émaneront du Gouvernement de la Majesté. » Et quand il dit « le Gouvernement de sa Majesté, » qu'entend-il ? Est-ce le Chef de l'Etat ? Evidemment non. Il sait, en effet, qu'il est de principe que les souverains agissent par délégation : *de minimis non curat prætor*, et que ce n'est pas le rôle d'un Chef d'État d'examiner le titre des concessions qui pourraient être faites sur une terre inconnue à 6,000 lieues de la France.

Qu'est-ce donc que l'auteur de la déclaration du 20 janvier 1855 entendait par ces mots « Le Gouvernement de sa Majesté ? » Lui-même le dit en ces termes qui suivent immédiatement la phrase que je viens de citer « du Gouvernement de sa Majesté, par l'intermédiaire de son représentant dans ces îles, » c'est-à-dire par le Gouverneur.

Ainsi, dès le premier acte solennel intervenu sur cette question aujourd'hui vitale pour nous, nous voyons la consécration des droits du Gouvernement local à disposer des terres de la colonie, et cette consécration émane du représentant même du Chef de l'Etat.

M. du Bouzet ajoutait, il est vrai, que les titres de concessions devaient être ratifiés par le Ministre ; mais ce n'était là qu'une simple question de contrôle et rien n'était plus naturel que ce contrôle au lendemain d'une prise de possession et alors qu'aucune organisation régulière n'existait encore.

De 1855 à 1862 nous voyons le Gouvernement local se conformer, dans les concessions qu'il fait aux colons, aux prescriptions de la déclaration du 20 janvier, et donner à cet acte la signification que nous venons de lui donner nous-même.

Bien plus, c'est cet acte qu'il vise dans toutes ses décisions, c'est de lui qu'il tire son droit d'agir comme il le fait.

Et, quand, le 5 octobre 1862, le Gouverneur de la Nouvelle-Calédonie attribue à la colonie la propriété de biens qui en France n'appartiennent qu'à l'Etat, c'est encore la déclaration du 20 janvier 1855 qu'il vise: c'est dans cette déclaration qu'il puise son droit de faire cette attribution.

Et tous les Gouverneurs, dans leurs arrêtés, et le Chef de l'Etat dans ses décrets, l'entendront de la même façon et consacreront par leurs décisions le droit des Gouverneurs de concéder les terres au nom du Domaine local.

Voici cet arrêté de 1862 dans ses passages les plus importants :

« Considérant que l'expérience a démontré l'opportunité de diverses modifications au règlement du 1er octobre 1859 sur les concessions de terres en Nouvelle-Calédonie;

« Vu les dépêches ministérielles des 16 janvier et 26 septembre 1860 ;

« Vu le décret impérial du 25 juillet 1860 sur l'aliénation des terres domaniales en Algérie ; »

Il faut remarquer ici que l'Algérie, à la constitution de laquelle on se réfère, possède un domaine propre, comme les Antilles et la Réunion, comme d'ailleurs presque toutes les colonies françaises, et notamment la Cochinchine, où le domaine de l'Etat n'existe pas.

« Vu la déclaration du 20 janvier 1855 relative à la propriété des terres à la Nouvelle-Calédonie et dépendances, etc.

« Article 1er. — Toutes les terres de la Nouvelle-Calédonie et dépendances, dont le Gouvernement n'a point disposé à la date du présent arrêté, *appartiennent à l'Etat.*

« Elles peuvent être aliénées ou d'une façon définitive, ou à bail, au profit de tous individus français ou étrangers, dans la forme et aux conditions énoncées dans le présent arrêté.

« Néanmoins, les îles et îlots demeurent, à perpétuité, inaliénables. Il en est de même du littoral dans une zône de 40 mètres, à partir de la haute mer des équinoxes; mais les propriétaires limitrophes pourront en user tant que l'*Etat* n'en revendiquera pas la jouissance.

« Il est fait également réserve, au profit du *domaine colonial*, des mines et houillères, eaux minérales, lacs, étangs, cours d'eau, sources et marais de toute espèce, qui se trouveraient dans les terrains aliénés sous quelque forme que ce soit. »

De la lecture que je viens de vous faire, ne résulte-t-il pas que le mot *Etat* employé ici pour la première fois dans un arrêté local a pour équivalent le mot domaine colonial, lequel, à quelques lignes d'intervalle, est employé dans le même sens que le mot Etat ?

Cette confusion, si facile à s'expliquer quand on songe que le législateur de 1862 était lui aussi un marin peu familiarisé avec la délicate question domaniale, apparaît encore plus clairement, s'il est possible, dans l'art. 11 ainsi conçu :

« Art. 11. — L'exploitation des bois et des carrières *appartenant au domaine colonial*, aussi bien que celle des réserves mentionnées au 4e paragraphe de l'article 1er, seront régies par des cahiers des charges spéciaux.

« La demande en sera faite et il y sera donné suite conformément aux dispositions de l'article 9 du présent arrêté.

Loin donc de nous être défavorables, ces textes constituent un argument puissant au profit de la colonie, et établissent que tout au moins dès 1862, la Nouvelle-Calédonie possédait bien un domaine qui lui était propre. C'est ce que l'auteur du décret du 16 août 1884, M. le Conseiller d'Etat Dislère, reconnait lui-même dans le remarquable travail qu'il a donné sur les colonies au Répertoire du Droit administratif de Léon Béquet, tome 5, page 2, n° 892.

Quel était, dans ces premiers temps et à l'aube de la colonisation dans cette île, l'avenir que la France destinait à la Nouvelle-Calédonie ? Avait-elle l'intention de la réserver exclusivement à la Transportation ? Je ne le crois pas.

En prenant possession d'une terre nouvelle, la France avait bien eu en vue de se débarrasser de ses criminels, en les confinant sur une île lointaine ; mais elle n'avait nullement entendu les y établir en rentiers ou en propriétaires. Les condamnés y devaient, avant tout, être les auxiliaires de la colonisation libre, et servir aux premiers travaux d'établissement toujours si coûteux et si difficiles dans un pays neuf. Des concessions de terre devaient être la récompense de ceux qui, par leur conduite et leur travail, auraient mérité cet encouragement : mais que de conditions étaient alors mises à l'octroi de ces concessions !

Nous voyons cette pensée se faire jour dans plusieurs documents de l'époque.

Voici notamment les paroles qu'adressait à la population un de nos regrettés Gouverneurs, homme dévoué, s'il en fut, aux intérêts de ce pays, qu'il aima sincèrement. Le 26 août 1870, le lendemain de son arrivée, M. de la Richerie adressait aux Calédoniens une proclamation dont j'extrais les passages suivants :

« La présence des condamnés, dit-il, ne sera pas une gêne pour les hardis colons qui se sont établis ou voudront se fixer en Nouvelle-Calédonie, mais bien au contraire un aide puissant pour la préparation longue, laborieuse, coûteuse des travaux précédant l'essor de toute colonie, je veux dire les routes, les canaux d'irrigation, les établissements d'intérêt public. C'est à ces travaux que vont continuer d'être employés, avec vigueur, les condamnés subissant leur peine. Parmi ceux ayant donné des preuves de repentir, de travail assidu et de bonne conduite, les colons pourront trouver des travailleurs à bon marché. »

Et plus loin, adressant un appel énergique à ces colons dont notre honorable Président faisait l'éloge il y a quelques jours :

« Je dois m'adresser particulièrement à l'avant-garde des enfants de la Réunion établie en Nouvelle-Calédonie. La Réunion, située dans notre hémisphère, baignée par les eaux du même grand océan qui nous entoure, soutient vaillamment, depuis plus d'un demi-siècle, le nom français dont le souvenir seul serait peut-être resté dans l'histoire sur un théâtre jadis si glorieux au pavillon de notre marine. Appelez vos compatriotes, dites-leur qu'ils trouveront ici ce qui leur manque là-bas, c'est-à-dire des terres pour s'y livrer, en sécurité et en liberté, à leurs entreprises agricoles, industrielles et commerciales. La Nouvelle-Calédonie leur appartient avant tous autres : les frontières leur en sont ouvertes.

« Le temps des luttes sanglantes est loin de nous, grâce à Dieu, et le bon accord qui règne entre l'Angleterre et la France doit faire sentir ses heureux effets jusqu'au bout du monde. Acceptons tous les Australiens qui viendront se confier à la protection de nos lois françaises. Nos mœurs, nos habitudes ne sont pas celles de la race anglo-saxonne, mais nous sympathisons avec elle en bien des points. Cherchons donc à fonder, aux antipodes de la Mère-Patrie, une société se suffisant à elle-même, se soutenant par l'accroissement des familles et l'arrivée de nouveaux compatriotes ou amis, trouvant sur cette terre lointaine une grande facilité de vivre, la liberté et la justice. Ainsi, resterons-nous de fidèles citoyens de notre grande patrie et tiendrons-nous à honneur de montrer dans cette partie du monde le génie propre à la nation française... »

Tels étaient, Messieurs les sentiments qui animaient le Gouvernement à cette époque. Cette déclaration, M. de la Richerie ne la faisait évidemment pas de son autorité privée, « *proprio motu* », il arrivait à nous avec un programme tout tracé par le Ministère dont il n'était dans la circonstance que l'interprète.

Comment les choses ont-elles changé depuis ? Comment, après de si libérales promesses, la colonisation libre est-elle aujourd'hui étouffée et persécutée ? Pourquoi la Nouvelle-Calédonie n'est-elle plus qu'une simple colonie pénitentiaire ? C'est là un problème que je ne me charge pas de résoudre. Comme ceux de la providence, les décrets du Ministère sont souvent insondables. Mais nous savons, dans tous les cas, par quelle succession de faits nous sommes arrivés à notre situation présente.

Nous sommes donc en 1870. Conformément aux instructions qu'avait reçues M. de la Richerie, de nombreuses concessions de terre sont accordées au nom du Domaine local.

En 1875, arrive un nouveau gouverneur, M. de Pritzbuer, qui apporte avec lui le décret organique du 12 décembre 1874.

C'est dans cet acte que nous allons trouver une nouvelle reconnaissance du Domaine local, mais, cette fois, cette reconnaissance est écrite par le Chef de l'Etat lui-même.

L'article 18 dit, à propos des pouvoirs administratifs du Gouverneur :

§ 1er. — Il propose au Ministre les acquisitions et aliénations d'immeubles appartenant à l'Etat, ainsi que les échanges dont ces immeubles peuvent être l'objet, lorsque leur valeur excède dix mille francs.

§ 2. — Il statue définitivement à l'égard des aliénations et échanges dont la valeur n'excède pas cette somme, et en rend compte au Ministre de la Marine et des Colonies.

§ 3. — Lorsqu'il y aura lieu de procéder à des ventes d'immeubles appartenant à l'Etat, elles ont lieu, sur cahier des charges, par la voie des enchères publiques. »

Ainsi, dans cet article, il n'est pas question des concessions de terrains : la propriété de l'Etat consiste en des immeubles que le Gouverneur ne peut aliéner ou échanger sans en rendre compte au Ministre; mais il n'y est pas dit que le Gouverneur devra consulter le Ministre pour les aliénations de terres.

Au contraire, à l'article 40, le droit de la colonie sur les terres qui constituent son domaine est très formellement établi.

« Art. 40, § 1er. — Le Gouverneur pourvoit à titre gratuit et onéreux, aux concessions de terrains et emplacements inutiles au service, en se conformant aux lois, ordonnances, décrets et règlements sur la matière.

« § 2. — Il veille à ce que des poursuites soient exercées pour la révocation des concessions et *leur retour au Domaine local*, lorsque les concessionnaires n'ont pas rempli leurs obligations. »

Vous le voyez, Messieurs :

Comme tous les Gouverneurs qui se sont succédé jusque-là, le Chef de l'Etat lui-même vient reconnaître, par son décret de 1874, que la déclaration du 20 janvier 1[illegible] n'avait qu'un sens, celui que nous lui avons donné et que la colonie est bien et dûment maîtresse et propriétaire incontestable de son territoire.

Ce texte est-il assez clair par lui-même ? Eh bien, Messieurs, il y a quelque chose qui en fait mieux encore ressortir l'esprit et qui met en pleine lumière la pensée du législateur : ce sont les instructions spéciales qui accompagnent le décret de 1874 et qui en commentent l'application. C'est, vous savez, Messieurs, dans l'exposé des motifs d'une loi et dans la discussion à laquelle elle a donné lieu, qu'il faut rechercher surtout la pensée qui a dicté cette loi et le sens que l'on a voulu donner à ses diverses dispositions.

Voyons donc ce que disent les instructions ministérielles pour l'application du décret du 12 décembre 1874.

Je me contenterai de vous citer les articles 25 et 26 de ces instructions.

Concessions de terrains. — Autorisation d'établissements particuliers, etc.

(Art. 25 et 26)

Vous ne perdrez pas de vue que tous les terrains libres et sans maître appartiennent au Domaine colonial, et, que, par suite, l'intervention du Directeur de l'Intérieur est indispensable dans toutes les mesures ayant pour objet d'en disposer à quelque titre que ce soit.

Il y a donc lieu de déterminer le rôle de chacune des administrations intéressées dans les mesures qui seront prises à cet égard; je pense qu'il conviendra de procéder de la manière suivante : lorsqu'il s'agira de fonder un établissement agricole pénitentiaire, il importera, tout d'abord, d'en déterminer le périmètre. Cette première formalité remplie, un arrêté sera préparé de concert par le Directeur de l'Intérieur et par le Directeur de l'Administration pénitentiaire pour consacrer la concession du terrain domanial compris dans le périmètre indiqué.

Quand cet acte aura reçu votre approbation, l'administration pénitentiaire aura seule qualité pour vous proposer les concessions particulières qu'il conviendra d'y accorder, et pour préparer les actes destinés à consacrer ces concessions, soit à titre provisoire, soit à titre définitif.

Ce mode de procéder s'applique par exemple à l'île Nou, exclusivement affectée à la Transportation, à l'établissement de Bourail, à celui de Canala, si ce dernier doit être maintenu, ainsi qu'à la partie de la presqu'île Ducos et de l'île des Pins affectée à la Déportation. Il devra être stipulé que si l'Administration pénitentiaire n'avait plus besoin de détenir les portions de territoire mises à sa disposition, *toute la partie non aliénée au moyen de concessions définitives fera retour au domaine de la colonie.* Toutefois, les concessions provisoires resteront maintenues et l'administration locale respectera l'engagement de les transformer en concessions définitives, après justification des conditions réglementaires.

C'est également par un arrêté, rendu sur la proposition du Directeur de l'intérieur et du Directeur de l'Administration pénitentiaire, que cette dernière administration devra être mise en possession, *à titre de simple prêt*, des emplacements nécessaires pour l'établissement de ses camps de travailleurs ; elle en aura la jouissance complète et absolue ; elle pourra y faire tous les travaux d'installation et d'appropriation qu'elle jugera utiles, mais elle ne devra disposer d'aucune partie de ce territoire par voie de concession, et quand elle n'en aura plus besoin par suite de la suppression ou du déplacement de ses camps ou de ses dépôts, elle doit les restituer au domaine avec les établissements qui y auraient été créés, sauf ceux qui seraient susceptibles de déplacement et qu'elle aurait naturellement le droit d'enlever. En dehors des périmètres cédés à l'administration pénitentiaire, des concessions ne peuvent être faites par celle-ci à des condamnés qu'avec le concours du Directeur de l'Intérieur qui devra se concerter avec son collègue pour la protection et la conservation des intérêts que chacun d'eux est chargé de représenter.

Que nous étions loin, à cette époque, du régime actuel ! Alors, non seulement l'Administration pénitentiaire n'avait pas de domaine propre, mais elle ne pouvait disposer d'un terrain pour ses établissements qu'avec l'autorisation du Directeur de l'Intérieur. Toutes les parties du territoire restées libres et sans maître appartenaient au Domaine colonial. Nous possédions jusqu'à l'île Nou, jusqu'au Pénitencier-Dépôt lui-même. Et il était stipulé que si l'Administration pénitentiaire n'avait plus besoin de détenir les portions du territoire mises à sa disposition, *toute la partie non aliénée au moyen de concessions définitives ferait retour au Domaine de la colonie.*

Quand on a lu ces deux documents, on est confondu de voir qu'une question aussi nettement tranchée puisse donner aujourd'hui lieu à des discussions; on ne peut comprendre que des droits aussi formellement établis soient contestés et méconnus.

M. de Pritzbuer, ainsi chargé par le Ministre de pourvoir à tout ce qui concerne la délivrance des concessions, se met aussitôt à l'œuvre. Le 11 septembre 1875, il refond en un seul arrêté toutes les mesures prises antérieurement sur la matière. Cet arrêté est soumis au Ministre qui l'approuve, le retouche et y apporte quelques modifications de détail. S'il n'est pas immédiatement transformé en décret, c'est qu'on pense que cette législation est susceptible d'être améliorée, et que l'expérience seule peut indiquer les améliorations à y apporter.

Cet arrêté est ainsi conçu en substance :

« Art. 1er. — Le Domaine national comprend le domaine public et le domaine colonial.

Art. 2. — Le Domaine public se compose :

1° Des biens de toute nature que le Code civil et les lois générales de la France déclarent non susceptibles de propriété privée;

2° Des canaux d'irrigation, de navigation, etc.

3° Du littoral de la mer dans une zône dite des cinquante pas géométriques, etc.

4° Des étangs et marais salants, lacs, etc.

5° D'un chemin de halage, etc. . . . .

Art. 4. — Le domaine de la colonie se compose :

1° Des biens, qui, en France, sont dévolus à l'Etat, etc.

2° Des biens et droits mobiliers et immobiliers provenant de l'occupation de la Nouvelle-Calédonie et de ses dépendances, etc.

3° Des biens séquestrés qui auront été réunis au domaine de la colonie;

4° Des bois et forêts, etc.

5° Des mines et minières. »

Cet arrêté, élaboré le 11 septembre 1875, n'a été promulgué que le 10 février 1876, après avoir subi les remaniements indiqués par le Ministre, dans une dépêche en date du 26 janvier 1876, dont j'extrais les passages suivants :

DÉPÊCHE MINISTÉRIELLE *au sujet de l'arrêté qui règle la constitution de la propriété en Nouvelle-Calédonie.*

(Direction des colonies. 2e bureau, 1re section).

Paris. le 26 janvier 1876.

Monsieur le Gouverneur,

J'ai eu l'honneur de vous informer, par mon télégramme du 12 de ce mois, que j'approuvais en principe votre arrêté réglant à nouveau la constitution de la propriété en Nouvelle-Calédonie, et qui a été délibéré en Conseil privé le 11 septembre dernier.

Je vous confirme aujourd'hui cette dépêche.

. . . .

Voici maintenant les quelques observations de détail auxquelles a donné lieu l'examen de votre arrêté.

L'article 1er, définissant le domaine national, ne mentionne comme en faisant partie que le Domaine public et le Domaine colonial. Il conviendrait d'y ajouter le Domaine de l'Etat, lequel se compose de tous les bâtiments, terrains et immeubles par destination, qui ne peuvent être acquis ou aliénés que sur une autorisation du gouvernement métropolitain, ou échangés sans son approbation, lorsque leur valeur excède *dix mille francs*.

Vous aurez à examiner les modifications ou additions que peuvent comporter à ce point de vue certaines dispositions de votre arrêté.

. . . .

Vous avez fait observer avec raison au Conseil à propos de la discussion du même article, que les territoires compris dans l'île de Maré ou l'île des Pins, désignés par la loi comme lieu de déportation, ne pouvaient être aliénés que dans la forme suivie pour les biens dépendants du Domaine de l'Etat.

Vous recevrez une dépêche spéciale traitant la question des réserves pénitentiaires et du régime domanial applicable à cette partie de la colonie.

L'article 53 qui stipule qu'en cas de déchéance l'immeuble fera retour à l'*Etat*, doit être entendu en ce sens que l'immeuble fait retour à la *colonie*.

Il y aura lieu, comme vous en exprimez l'avis, de consacrer la législation domaniale de la colonie par un décret réglant définitivement la matière. Mais, j'attendrai, pour le faire, que l'expérience ait indiqué les modifications qu'il pourrait y avoir lieu d'introduire dans les dispositions que vous venez de prendre. Ce décret ne reproduira naturellement que les stipulations fondamentales de l'arrêté que vous avez mis en application. Quant aux autres, elles feront l'objet d'un règlement d'exécution que vous aurez à prendre postérieurement en Conseil privé.

Recevez, etc.

Signé MONTAIGNAC.

Nous avons donc cette fois, un document clair, précis; plus d'équivoque désormais : la colonie est bien et légitimement propriétaire d'un domaine parfaitement défini ; c'est le Ministre lui-même qui a pris soin de l'établir. Et, plus que jamais, nous avons le droit de dire que si la déclaration du 20 janvier 1855 a pu avoir à un moment donné un autre sens que celui que nous lui avons assigné, cette déclaration n'existe plus désormais.

Comme conséquence des principes qui viennent d'être posés dans l'arrêté du 11 septembre 1875, nous voyons bientôt le Département lui-même faire une application topique du droit de propriété du Service local.

En 1876, il s'agissait, pour la colonie, de concéder un terrain à l'artillerie pour y installer un polygone et un champ de manœuvres. Voici comment s'exprime à ce sujet la dépêche du 15 janvier 1876.

« Monsieur le Gouverneur, par lettre en date du 7 septembre dernier, vous m'avez rendu compte de l'exécution des dispositions indiquées dans la note de M. l'inspecteur Général d'artillerie jointe à ma dépêche du 24 février dernier, concernant la concession au Service de l'artillerie de terrains situés à la presqu'île Prévoyante, pour l'organisation d'un polygone et d'un champ de manœuvre destinés aux troupes de l'arme.

« J'ai été frappé des observations présentées, en Conseil d'administration, par M. le Directeur de l'Intérieur, contre la cession, au Service de l'artillerie, des terrains situés à l'Est de la rue Auger prolongée, et contre l'affectation au Domaine militaire de la partie versant Nord de la presqu'île Prévoyante située au-delà des établissements de l'artillerie. Ces observations qui ont pour objet de faire ressortir la perte considérable qu'éprouvait la colonie et l'obstacle au développement de la ville, qui en résulterait si la cession était accomplie, concorde avec l'opinion exprimée tant par M. le Général Reboul que par votre prédécesseur intérimaire, M. Alleyron.

« Il m'a paru, d'autre part, que la *cession en pleine propriété au Domaine de l'Etat* de tout l'espace destiné à servir aux manœuvres de l'artillerie et aux exercices de tir, constituerait un sacrifice considérable et inutile *de la part de la colonie*. Les terrains de la presqu'île pourraient être affectés régulièrement à l'usage susindiqué, *sans que le fond cessât d'appartenir au domaine colonial*. La jouissance seule serait attribuée au Service militaire, et le jour où les besoins de ce Service cesseraient d'en réclamer l'occupation, *la Colonie reprendrait son terrain* sans avoir à acheter ce qu'elle concèderait à titre gratuit aujourd'hui.

« Dans cette situation, et avant de consacrer par mon approbation l'arrêté que vous avez pris, il m'a paru qu'il y aurait lieu de faire un nouvel examen de la question, en vue de donner autant que possible satisfaction aux intérêts de la Colonie.

« En conséquence, je vous prie de vouloir bien faire instruire de nouveau cette affaire par une Commission dans laquelle les divers services intéressés seront représentés, et de m'adresser le résultat de cette étude avec votre appréciation personnelle.

Signé : MONTAIGNAC.

On voit, par ce document, que l'Etat demandait à la colonie la cession d'une portion du Domaine local.

Il existait donc un domaine local en 1876 : de quel droit, dès lors, en serions-nous dépossédés aujourd'hui ? Répondra-t-on que celui qui a donné peut reprendre ? Mais, depuis quand le principe de l'irrévocabilité des donations ne lie-t-il plus les Etats et les

Souverains ? Ces mesquineries sont-elles dignes d'un Gouvernement comme celui de la République française ?

Je pourrais, Messieurs, multiplier ces citations ; mais je dois me borner à celles seules qui, par leur caractère de généralité, me paraissent avoir une importance réelle.

Le 11 mai 1880, intervient un nouvel arrêté sur la matière ; c'est le dernier. Je ne mettrai sous vos yeux que les premiers articles, dans lesquels la question domaniale est de nouveau très-nettement tranchée, et qui établit la division du territoire entre les divers possesseurs.

« Art. 1er — Le Domaine national comprend le Domaine public, le Domaine de l'Etat et le Domaine colonial.

« Art. 2 § 1er — Le Domaine public se compose :

1° Des biens de toute nature que le code civil et les lois générales de la France déclarent non susceptibles de propriété privée ;

2° Des canaux d'irrigation, etc.

3° Du littoral de la mer, etc.

4° Des étangs et marais salants, etc.

5° D'un chemin de halage, etc.

§ 2. — Le Domaine de l'Etat se compose de tous les bâtiments, etc..............................

Art. 4. — Le Domaine de la Colonie se compose :

1° Des biens qui en France sont dévolus à l'Etat, etc.

2° Des biens et droits mobiliers et immobiliers provenant de l'occupation de la Nouvelle-Calédonie, etc.

3° Des biens sequestrés qui auront été réunis au Domaine de la Colonie ;

4° Des bois et forêts, etc.

5° Des mines et minières. »

Comme confirmation à cet arrêté, nous trouvons une nouvelle dépêche ministérielle très explicite en date du 13 janvier 1881.

DÉPÊCHE MINISTÉRIELLE. — *Réception de l'arrêté du 11 mai 1880 sur la législation domaniale en Nouvelle-Calédonie.*

(4e Division. — 2e Bureau.)

Paris, 13 janvier 1881.

MONSIEUR LE GOUVERNEUR,

Par lettre du 26 juin dernier, n° 1094, votre prédécesseur a soumis à l'approbation du Département un arrêté qu'il avait pris, le 11 mai précédent, en vue de refaire sur de nouvelles bases le régime des aliénations domaniales, et il a demandé qu'un décret vînt consacrer d'une manière définitive les modifications ainsi introduites dans la législation coloniale.

Je reconnais que le système proposé par M. le commandant Olry, pour les concessions à titre onéreux, et qui substitue au paiement d'une rente annuelle et perpétuelle le mode de libération par annuités, a l'avantage d'offrir, pour la constitution de la propriété agricole, certaines facilités qui ne peuvent que contribuer au développement de la colonisation.

A ce point de vue, je ne puis que donner mon approbation au nouveau régime qu'il s'agit d'appliquer, et je me propose de présenter à la signature du Chef de l'État un projet de décret qui sanctionne cette réglementation ; mais je ne crois pas, toutefois, que le décret à intervenir doive consacrer autre chose que les principes constitutifs de la législation domaniale, et dans cet ordre d'idées, il doit se borner à déterminer la nature et l'étendue du domaine, puis à fixer le mode et les conditions d'aliénation des biens domaniaux.

Quant aux formes de ces aliénations, elles continueraient à être réglementées par décisions locales, de même que les questions de détail qui se rapportent à l'administration du Domaine.

En même temps, je dois vous faire connaître les observations auxquelles a donné lieu l'examen des différentes dispositions contenues dans l'arrêté dont il s'agit.

Le titre Ier, qui est nécessairement appelé à faire partie du futur décret, a pour objet de définir le domaine colonial, et il le subdivise avec raison en domaine public, en domaine de l'Etat et domaine colonial. En ce qui concerne le domaine public, c'est-à-dire la partie inaliénable du domaine de l'Etat, il a paru que certaines stipulations de l'arrêté dérogent au Code civil, en ce sens qu'elles font entrer dans ce domaine des biens que le Code a laissés en dehors.

. . . .

Comme disposition d'ordre, il me paraîtrait préférable que l'article 2, après avoir défini par son paragraphe Ier la composition du domaine public, se complétât par ce qui se rapporte à l'utilisation possible de ce domaine : cette indication, qui constitue le paragraphe Ier de l'article 3, deviendrait le paragraphe 2 de l'article 2. L'article 3 ne s'occuperait ainsi que du domaine de l'Etat susceptible d'aliénation et comprendrait, avec le paragraphe 2 actuel de l'article 2 qui en donne la définition, l'alinéa du même article 3 qui stipule comment les biens de l'Etat peuvent être aliénés, échangés ou donnés à bail.

Toutefois, la définition du domaine de l'Etat, telle qu'elle est donnée par l'arrêté, est incorrecte, puisqu'elle donne à penser que le droit de propriété de l'Etat serait subordonné à la valeur de l'immeuble, ce qui n'est pas dans la pensée du rédacteur. L'article serait mieux rédigé ainsi qu'il suit :

« Le domaine de l'Etat se compose de tous les bâtiments, ter-
« rains et immeubles par destination, qui sont ou seront affectés
« à un service public rétribué sur les fonds de l'Etat ; ils ne
« peuvent être acquis, aliénés ou échangés qu'avec l'autorisation
« du gouvernement métropolitain lorsque leur valeur excède dix
« mille francs. »

De plus, dans le dernier alinéa de l'article 3 relatif à la vente ou à la location des biens de l'Etat, il faut effacer les mots *les lois*, attendu que le domaine de l'Etat aux colonies peut être échangé ou aliéné par décret.

En ce qui concerne le domaine de la colonie, l'interdiction d'aliéner la grande masse de bois et forêts est une mesure fort sage ; la conservation de ces couverts forestiers représente, en effet, un intérêt de premier ordre. Mais la définition donnée (par le dernier alinéa de l'article 6) de ce qu'on doit entendre par massifs de bois et forêts, peut être un obstacle à l'application de la règle qu'on veut poser.

Vous trouverez ci-joint copie d'une note qui contient à cet égard des observations que je ne puis que signaler à votre attention.

L'article 0 stipule que lorsqu'il y aura lieu d'affecter un bien domanial à un Service public, l'affectation sera effectuée par une décision du Gouverneur, prise en Conseil privé. En outre, et conformément à ce qui s'est pratiqué en Algérie lors de la constitution du domaine colonial, il y aurait à stipuler que : « la co-
« lonie sera tenue d'abandonner à l'Etat quand il y aura lieu et
« sans indemnité les terrains et les bâtiments dont l'expropriation
« serait reconnue nécessaire dans l'intérêt d'un service public de
« l'Etat, sauf, toutefois, le remboursement des dépenses de cons-
« truction ou d'appropriation effectuées sur les fonds locaux. Le
« montant de ce remboursement sera fixé par le Ministre sur
« vu des pièces de dépenses, ou à défaut, sur expertises contra-
« dictoires. »

Le titre III de l'arrêté du 11 mai 1880 est consacré tout entier aux dispositions qui régissent l'aliénation des biens domaniaux. Du moment que le pouvoir métropolitain ne doit avoir à sanctionner que les principes fondamentaux de la nouvelle réglementation, vous apprécierez quelles sont celles des dispositions de l'arrêté qui devront être reproduites par le décret Les mesures d'exécution continueront à faire l'objet d'un arrêté rendu en Conseil privé.

. . . .

Telles sont, Monsieur le Gouverneur, les observations que m'a suggéré l'examen de l'arrêté de votre prédécesseur. Je ne puis que vous prier d'en prescrire une nouvelle étude, en vous inspirant de ces observations, et de m'adresser, avec le projet de décret à intervenir, l'arrêté d'exécution qui devra en être la conséquence.

Signé : CLOUÉ.

Vous remarquerez que, dans l'examen du dernier alinéa de l'article 3 relatif à la vente ou à la location des biens de l'Etat, le Ministre déclare impropres les mots « les lois », en faisant observer que le Domaine de l'Etat aux colonies peut être échangé ou aliéné par décret, ce qui est fort juste, et ce qui détruit par avance toutes les subtilités doctrinales qui seront inventées quelques années plus tard par le Comité consultatif du Contentieux de la Marine.

Combien plus juridiques sont les observations et les solutions que nous venons de voir proprosées en 1881 par le Département !

Pour en revenir à l'arrêté de 1880, il résulte de la dépêche que je viens de vous lire, que le Ministre est bien d'accord avec le Gouvernement local sur la substance même de cet acte.

Les critiques dont il est l'objet ne portent que sur des points secondaires. Un décret doit intervenir qui ne contiendra que les principes fondamentaux de la règlementation ; quant aux détails d'exécution, ils seront réglés par le Gouverneur. La législation était donc approuvée en réalité.

Au moment où l'accord parait complet et où il ne s'agit plus que de transformer en décret un travail qui semble définitif, nous voyons poindre pour la première fois les prétentions de l'Administration pénitentiaire, et nous constatons, au sein du Ministère, un nouveau courant d'idées.

On commence par trouver qu'il est temps de délimiter les territoires pénitentiaires, et dans ce but, on expédie de Paris des instructions dans lesquelles il est facile de démêler les revendications nouvelles qui vont bientôt surgir et qui iront chaque jour en grandissant.

Le Ministère change de langage et prétend n'avoir rien accordé de définitif; ce n'est plus nous qui concédons des terres à la transportation ; notre droit était conditionnel : nous devions d'abord faire la part de la colonisation pénale,

DÉPÊCHE MINISTÉRIELLE. — *Au sujet de la délimitation des terrains pénitentiaires.*

(4e Direction, 3e Bureau)

Paris, 19 février 1881.

Monsieur le Gouverneur,

Par dépêches des 25 mars et 9 août derniers nos 245 et 694, j'ai prié votre prédécesseur de faire délimiter les établissements pénitentiaires et de me transmettre un projet de décret et un plan à l'appui, pour me permettre de consacrer par un décret l'étendue du domaine de la transportation.

J'ai vu, par le procès verbal de la séance du Conseil privé du 31 août 1880, que le Directeur de l'Intérieur avait été chargé de ces travaux de délimitation. Je dois vous faire remarquer que le domaine local n'est pas encore définitivement constitué.

Il n'appartenait pas à la Direction de l'Intérieur de préparer seule le travail de délimitation relatif au territoire pénitentiaire. Dans le but de concilier les divers intérêts engagés, ce travail doit être fait par une Commission où la Direction de l'Intérieur et l'Administration pénitentiaire seront représentées de concert avec le Service de l'Ordonnateur. Mais il doit être bien entendu que la commission doit partir de cette base :

1° Que le territoire de la Nouvelle-Calédonie n'est pas encore la propriété exclusive du domaine local ;

2° Que le territoire affecté jusqu'à présent à la transportation doit lui être maintenu, et que les concessionnaires établis sur ce territoire ne doivent aucune redevance au Service local au titre de leurs concessions ;

3° Que pour la délimitation à intervenir, il importe de considérer l'étendue du territoire pénitentiaire actuel comme un minimum, et que, par suite, loin d'être réduit, ce territoire doit obtenir un agrandissement important de manière à lui constituer des réserves suffisantes pour l'avenir ;

4° Que de nouveaux terrains soient réservés sur différents points de la colonie, mais à une certaine distance de Nouméa, pour y créer des établissements agricoles, pour y placer des concessionnaires pris dans la population pénale. Les concessions de cette nature doivent être données par l'Administration pénitentiaire en dehors de toute participation de la Direction de l'Intérieur qui n'a aucun droit sur le domaine pénitentiaire.

Je vous prie de donner des ordres pour que cette étude soit faite avec soin et pour que le résultat m'en soit transmis le plus promptement possible.

Signé : CLOUÉ.

On ne peut lire cette dépêche sans éprouver un sentiment de profonde tristesse. Voilà donc avec quelle logique les colonies sont administrées ! Les intérêts les plus graves, la propriété et toute la législation domaniale sont bouleversés de fond en comble d'un trait de plume.

J'ai tenu à vous citer cette dépêche parce que j'avais le devoir de ne vous rien laisser ignorer ; nous ne sommes pas ici pour nous faire bénévolement des illusions.

Toutes les faces de la question doivent être éclairées de la même lumière. Nous sommes en présence du premier jalon du décret du 16 août. A peine ce pas est-il fait qu'avec sa logique habituelle le Département consacre à nouveau par deux décrets successifs les principes et les droits de propriété qu'il combattra plus tard avec un acharnement vraiment inexplicable.

Le décret financier de 1882 vient attribuer aux colonies les revenus domaniaux, ces mêmes revenus qu'on cherchera à vous supprimer trois ans plus tard.

Le décret du 22 juillet 1883 sur le régime des mines en Nouvelle-Calédonie vient également attribuer à la colonie tous les produits des mines.

N'est-pas encore, et cette fois écrite de la main même du Chef de l'Etat, la reconnaissance par deux fois exprimée de tous nos droits ?

Cependant, pour obéir aux prescriptions du Département, une Commission de délimitation est nommée, et l'on retrouve la trace de ses travaux dans les dépêches ministérielles de cette époque. Mais ses conclusions n'ont pas l'heur de plaire à nos maîtres, car elle ne propose de fixer les réserves pénitentiaires qu'à 50,000 hectares, et ce chiffre est déclaré insuffisant.

Enfin, une transaction entre la mission mariste et le gouvernement local met le feu aux poudres. La dépêche ministérielle dont je vais vous donner lecture va vous faire connaître dans quelles conditions cette transaction s'est faite.

(2e Sous-Direction, 5e bureau)

Paris, le 1er août 1884. — no 578

Arrivée le 16 septembre 1884. — no 67.

Terrains de la Mission.

MONSIEUR LE GOUVERNEUR,

J'ai reçu le dossier que votre prédécesseur m'a adressé le 3 décembre 1883, relativement à l'affaire des terrains occupés par la mission mariste en Nouvelle-Calédonie.

Le dossier comprenait un acte de renonciation à ces terrains, un acte de Société passé entre les divers membres de la mission, un arrêté accordant à la Société ainsi constituée des terrains d'une superficie de 1,148 hectares, enfin un arrêté affectant deux terrains aux indigènes de Saint-Louis et de la Conception.

J'ai soumis le dossier de cette affaire au comité consultatif du contentieux de la marine et des colonies. Dans son avis longuement motivé, le comité a rappelé que la déclaration de prise de possession des terres de la Nouvelle-Calédonie, en date du 20 janvier 1855, a été effectuée pour le compte de l'Etat et que, si des arrêtés, en date du 11 septembre 1875 et 11 mai 1880 ont fait un départ entre le domaine public, le domaine de l'Etat et le domaine de la colonie, en réservant à cette dernière les biens vacants et sans maître, les successions en déshérence et toutes les terres devenues la propriété de l'Etat en vertu de la déclaration précitée, ces arrêtés émanés de l'autorité locale n'ont pu avoir pour effet de déposséder l'Etat d'une partie quelconque de son domaine. Les arrêtés de 1875 et de 1880 sont donc nuls et de nul effet en tant qu'ils ont arbitrairement attribué une partie du domaine de l'Etat à la colonie, et les terrains abandonnés par la Mission doivent faire retour au Domaine de l'Etat d'où ils proviennent et non au Domaine local qui n'y a aucun droit.

Le Comité a, par suite, conclu « qu'il y a lieu, par le Ministre, d'approuver les actes soumis à sa sanction sous les réserves suivantes :

« 1° Dans l'acte de renonciation, l'intervention du Gouverneur agissant au nom de l'Etat devra remplacer celle du Directeur de l'Intérieur stipulant au nom du Domaine local.

« 2° L'abandon des terrains devra être fait au profit de l'Etat et non du Domaine local. »

Après un examen attentif de la question, j'ai été amené à adopter entièrement l'avis exprimé par le Comité consultatif du contentieux de la marine et des colonies. L'acte de renonciation devra être rectifié, comme le Comité l'a indiqué : les arrêtés du 15 novembre 1883, concédant des terrains à la Société civile de la Mission et aux indigènes seront modifiés en ce sens qu'ils spécifieront que le Gouverneur agissait au nom de l'Etat ; le premier paragraphe de l'article 6 de l'arrêté concernant la Société civile sera supprimé ; c'est à l'Etat que les terrains abandonnés feront retour ; ils seront compris dans le domaine pénitentiaire et portés comme appartenant au territoire pénal dans l'acte qui constituera ce territoire.

Je vous serai très obligé, Monsieur le Gouverneur, de m'accuser réception de la présente dépêche et de me rendre compte de l'exécution immédiate des prescriptions qu'elle renferme.

F. FAURE.

Voici maintenant les considérants de la consultation du comité du Contentieux qui ont trait au point spécial qui nous occupe :

« Mais considérant que les dits actes ont été libellés en vue d'un retour des terres abandonnées au Domaine local, lequel rétrocéderait ensuite, comme il le jugerait convenable, au Service pénitentiaire les terrains dont ce dernier a besoin ; qu'ainsi, l'acte de renonciation est signé du Directeur de l'intérieur « agissant au nom et comme représentant du domaine local », que l'abandon est stipulé en faveur du domaine local ;

« Considérant que la déclaration de prise de possession des terres de la Nouvelle-Calédonie, en date du 20 janvier 1855, a été faite pour le compte de l'Etat, au nom duquel ont été effectuées les reconnaissances de propriétés et concessions consenties au profit des missionnaires les 23 avril 1855, 7 octobre 1859, 1er mai et 14 septembre 1872 ; que les droits de l'Etat formellement affirmés dans les arrêtés des 10 avril 1855, 1er juin 1857, 1er octobre 1859 et 5 octobre 1862 n'ont été contredits par aucun des actes intervenus sur la législation domaniale jusqu'en 1875 ;

» Considérant que, si des arrêtés en date des 11 septembre 1875 et 11 mai 1880, ont, pour la première fois, fait un départ entre le Domaine public, le Domaine de l'Etat et le Domaine de la colonie, en réservant à cette dernière les biens vacants et sans maître, les successions en déshérence et toutes les terres devenues la propriété de l'Etat en vertu de la déclaration précitée du 20 janvier 1855, — ces arrêtés émanés de l'autorité locale, n'ont pu avoir pour effet de déposséder l'Etat d'une partie quelconque de son domaine ;

« Considérant en effet que la loi des 22 novembre, 1er décembre 1790, tout en déclarant les biens domaniaux désormais inaliénables, a prescrit dans son article 8 que cette aliénation ne pouvait jamais avoir lieu qu'en vertu d'un acte législatif, que cette règle confirmée par la législation postérieure, notamment par l'article 35 de la loi du 22 avril 1815, n'a reçu aucune dérogation en ce qui touche la Nouvelle-Calédonie, que par suite les arrêtés précités du Gouverneur sont nuls et de nul effet, en tant qu'ils ont arbitrairement attribué une partie du Domaine de l'Etat à la colonie;

« Considérant dès lors que les terrains abandonnés par la mission doivent faire retour au Domaine de l'Etat, d'où ils proviennent, et non au Domaine local qui n'y a aucun droit,

Est d'avis :

« Qu'il y a lieu, par le Ministre, d'approuver les actes soumis à sa sanction sous les réserves suivantes :

1° Dans l'acte de renonciation, l'intervention du Gouverneur agissant au nom de l'Etat devra remplacer celle du Directeur de l'Intérieur stipulant au nom du Domaine local;

2° L'abandon des terrains devra être fait au profit de l'Etat et non du Domaine local. »

Cette consultation, Messieurs, est un chef-d'œuvre d'illogisme. Après avoir posé en principe que les terres de la Nouvelle-Calédonie sont la propriété de l'Etat, et qu'elles ne peuvent être aliénées que par un acte législatif, conformément à la loi de 1790, le Conseil du contentieux vient proposer au Ministre d'approuver les actes soumis à sa sanction. Or, quels sont ces actes, Messieurs? De simples arrêtés du Gouverneur!

Mais alors quelle est la valeur du titre conféré à la mission? Un arrêté n'est pas une loi, que je sache. N'est-il pas à craindre qu'on vienne un jour dire à la mission, comme on ose le dire aujourd'hui à la colonie, que « les arrêtés émanés de l'autorité locale n'ont « pu avoir pour effet de déposséder l'Etat d'une par- « tie quelconque de son domaine et que, par suite, les « arrêtés du Gouverneur sont nuls et de nul effet en « tant qu'ils ont arbitrairement attribué à la Mission « une partie du Domaine de l'Etat ? »

La Mission objectera-t-elle que l'arrêté qui lui tient lieu de titre a reçu l'approbation ministérielle? Et ceux du 11 septembre 1875 et du 11 mai 1880 n'ont-ils pas été approuvés par le Ministre? En ont-ils pour cela plus de valeur aux yeux du Comité consultatif du contentieux ?

En vérité, Messieurs, la raison reste confondue en présence de tant de contradictions, d'une telle absence de sincérité !

Cependant la décision du Conseil du contentieux est mise à exécution, et le 23 août 1884 est élaborée une nouvelle dépêche, toujours au sujet de la délimitation du territoire pénitentiaire. Le Ministre y laisse de côté la question de savoir dans quelles conditions les 276,000 hectares restés disponibles, *qui sont la propriété de l'Etat*, pourraient être concédés et aliénés au profit du budget local. C'est la dépossession complète, la ruine absolue pour la colonie; qu'importe ?

Paris, le 23 août 1884. — N° 627.

Le Sous-Secrétaire d'Etat de la Marine et des Colonies à Monsieur le Gouverneur de la Nouvelle-Calédonie.

Délimitation du Domaine pénitentiaire.

Monsieur le Gouverneur,

J'ai l'honneur de vous transmettre sous ce pli, avec les cartes qui doivent y demeurer annexées, ampliation du décret en date du 16 août courant, par lequel le Président de la République a délimité le domaine pénitentiaire en Nouvelle-Calédonie et fixé son étendue à 110,000 hectares environ. Les terrains dits de la Mission et situés à Saint-Louis sont également, comme je vous l'ai notifié par ma dépêche du 1er août courant, n° 578, attribués à la colonisation pénale.

Je crois devoir vous donner certaines explications de nature à vous faire connaître les principales considérations qui ont amené le Département à soumettre l'acte important dont il s'agit à la haute sanction du Chef de l'Etat.

Vous n'ignorez pas, Monsieur le Gouverneur, que depuis longtemps déjà le Département poursuit la délimitation du domaine pénitentiaire de la Nouvelle-Calédonie.

En 1880, une dépêche en date du 25 mars prescrivait au Gouverneur « de régler d'une manière nette et définitive la partie du « domaine qui appartient au service pénitentiaire et celle qui est « réservée au service local et aux services militaires. »

La dépêche du 19 février 1881, n° 79, indiquait sur quelles bases devait être opéré ce travail. Cette dépêche spécifiait notamment :

1° Que le territoire de la Nouvelle-Calédonie n'est pas encore la propriété exclusive du domaine local.

2° Que le territoire affecté jusqu'à présent à la transportation *doit lui être maintenu*.

3° Que pour la délimitation à intervenir il importe de considérer l'étendue du territoire pénitentiaire actuel comme un MINIMUM et que par suite, loin d'être réduit, ce territoire doit obtenir un agrandissement important, de manière à lui constituer des réserves suffisantes pour l'avenir.

4° Que de nouveaux terrains soient réservés sur différents points de la colonie pour y créer des établissements agricoles et pour y placer des concessionnaires pris dans la population pénale.

La délimitation faite en vertu de l'arrêté de l'un de vos prédécesseurs, en date du 12 septembre 1882, et qui attribuait au Domaine pénitentiaire une superficie d'environ 31,000 hectares, fut jugée insuffisante par le Département. En repoussant ce projet de délimitation par dépêche du 21 décembre 1882, n° 1228, l'amiral Jauréguiberry exprimait l'avis que l'administration locale ne s'était pas suffisamment préoccupée de l'avenir de la colonisation pénale et qu'elle n'avait pas tenu compte des instructions contenues dans la dépêche du 19 février 1881. Le ministre constatait, en outre, que les terrains occupés à Bourail-Guaro par l'Administration pénitentiaire avant 1879 avaient été concédés depuis à MM. Brun et Russeil, malgré les prescriptions formelles du paragraphe 2 de la dépêche du 19 février 1881.

Le Département ne pouvait donc approuver un acte qui restreignait dans des proportions vraiment dérisoires les ressources de la colonisation pénale.

Par lettres des 25 et 26 avril dernier, n°s 629 et 641, votre prédécesseur a transmis une nouvelle répartition des terres qu'il déclare actuellement disponibles et dont l'ensemble s'élève à 50,000 hectares environ, en proposant d'en affecter une moitié à la colonisation libre et l'autre à la colonisation pénale.

Ces propositions ne m'ont pas paru devoir être accueillies.

En effet, dans une lettre du 29 janvier 1883, n° 189, M. Pallu estimait qu'il était nécessaire de constituer, pour assurer l'exécution de la loi du 30 mai 1854 et des actes qui l'ont complétée (décrets du 31 août 1878 et du 18 juin 1880), un domaine pénitentiaire de 100,000 hectares, sous cette réserve que l'envoi des transportés en Nouvelle-Calédonie devait cesser en 1888 et qu'il importait, dès lors, de faire choix d'un pays nouveau, approprié à la continuation de l'œuvre de la transportation.

Il m'a donc semblé indispensable d'attribuer à la transportation la plus grande partie des terres actuellement disponibles en Nouvelle-Calédonie, pour faire face aux besoins créés par la loi de 1854.

On dira peut être que cette mesure contrarie, pour le moment, le développement de la colonisation libre; mais le Département est en droit de répondre que si le service local avait été plus prudent dans ses concessions de terres, il ne se trouverait pas aujourd'hui pris au dépourvu. J'insisterai sur ce point que les terres affectées à la colonisation libre, et les meilleures, sont entre les mains d'un petit nombre de propriétaires qui occupent des surfaces considérables bien souvent inutilisées et qu'ils conservent uniquement dans un but de spéculation.

Je dois toutefois ajouter que, sur les 50,000 hectares dont votre prédécesseur proposait la division par parts égales entre la colonisation libre et la colonisation pénale, 3,000 hectares restent libres; en outre, d'après les renseignements fournis par une dépêche de M. Pallu, du 15 juillet 1883, il y avait encore de disponible les quantités suivantes :

Terres à cultures....................	7,100	hectares.
Terres à pâturages....................	208,400	—
Forêts proprement dites............	110,500	—
Forêts propres à la culture..........	17,500	—
Total..	343,500	hect.

Si l'on déduit les 47,500 hectares pris sur les 50,000 hectares proposés et les 20,000 hectares comprenant la partie boisée de la baie du Prony, attribués par le décret au domaine pénitentiaire, soit en tout...................... 67.500 hect.

Il resterait pour la colonisation libre..... 276.000 hect.

Ces terres ne sont évidemment pas toutes propres à la culture, pas plus, d'ailleurs, que celles prises pour la colonisation pénale, mais elles peuvent néanmoins être utilisées pour des plantations de caféiers, d'ananas et l'élève du bétail.

En présence de ces chiffres confirmés par M. Massoui, Chef du Service topographique de l'Administration pénitentiaire, en ce moment en congé à Paris et consulté sur la question, je n'hésite pas à affirmer que la colonisation libre ne sera pas sacrifiée.

Le droit de l'Etat sur les terres que le décret du 16 août attribue au domaine pénitentiaire est incontestable. Ma dépêche déjà citée du 1er août courant vous a fait connaître à cet égard la doctrine du Comité consultatif du contentieux de la marine, que j'ai adoptée lorsqu'il s'est agi d'attribuer au domaine de l'Etat les terrains occupés par la Mission. — Vous trouverez, ci-annexée copie de l'avis du Comité. Il y a lieu de remarquer que, même après la délimitation fixée par le décret du 16 août, le territoire pénitentiaire de la Nouvelle Calédonie sera inférieur de 36,000 hectares à celui de la Guyane Française délimité à 147,000 hect. par le décret du 5 décembre 1882. Or la population pénale de la Nouvelle-Calédonie est trois fois plus élevée que celle de la Guyane.

Aussi la délimitation dont il s'agit est un minimum, et si, dans l'avenir, des terres formant en ce moment les réserves indigènes deviennent vacantes, l'Etat pourra, selon ses besoins, les attribuer au domaine pénitentiaire.

L'article 2 du décret consacre ce droit, et pour en assurer l'exercice vous devrez donner l'ordre au Directeur de l'Intérieur de n'apporter aucune modification dans la répartition des terres constituant aujourd'hui les réserves indigènes, sans une autorisation formelle et préalable du Département.

Il demeure entendu que l'attribution des terrains boisés de la Baie du Prony au domaine pénitentiaire a pour conséquence de mettre un terme à la rente annuelle de 2,000 fr. servie par elle au budget local et qui légalement n'aurait jamais dû être payée.

....

....

Enfin, M. le Gouverneur, cette question du domaine pénitentiaire ainsi réglée, il y aurait à déterminer le mode d'affectation à la colonisation libre des 276,000 hectares ci-dessus indiqués, et les conditions suivant lesquelles ces terrains, *qui sont la propriété de l'Etat*, pourraient être concédés et aliénés *au profit du budget local.* J'étudie cette question et, par un prochain courrier, j'aurai l'honneur de vous faire connaître quelles sont les vues et la décision du Gouvernement.

C'est la dépêche du 15 décembre 1884 qui nous fait connaître enfin les intentions du Ministère sur la colonisation libre.

Conditions auxquelles les 276,000 h. affectés à la colonisation libre pourront être aliénés au profit du budget local de la Nouvelle-Calédonie.

Paris, le 15 décembre 1884.

MONSIEUR LE GOUVERNEUR,

En vous transmettant par lettre du 23 août 1884, n° 627, ampliation du décret du 16 du même mois, portant délimitation du territoire pénitentiaire à la Nouvelle-Calédonie, j'ai eu l'honneur de vous informer que je vous ferais connaître prochainement les conditions suivant lesquelles les 276,000 h. de terrain affectés à la colonisation libre et qui sont la propriété de l'Etat pourraient être concédés et aliénés au profit du Service local.

L'Administration locale de la Nouvelle-Calédonie a consenti jusqu'à ce jour, avec une certaine imprévoyance et sans grand avantage pour la colonisation libre, l'abandon des meilleures terres de la colonie au profit d'un nombre restreint de propriétaires qui n'ont recherché et conservé leurs domaines que dans un but de spéculation.

Cet état de choses, contraire aux intérêts de la colonisation, a soulevé dans la Métropole de vives critiques qui sont pleinement justifiées. Dès lors, l'Administration supérieure, en vue de prévenir autant que possible le retour de concessions considérables faites dans les conditions rappelées ci-dessus, s'est décidée à demander à l'Administration de la Nouvelle-Calédonie une compensation en échange de l'abandon des 276,000 h. de terrains appartenant à l'Etat qui sont réservés pour la colonisation libre.

La situation générale des finances de la France impose en effet au Département l'obligation de rechercher les moyens de diminuer les charges qui pèsent sur le budget colonial.

La Métropole accorde à la Nouvelle-Calédonie une subvention de 110,105 fr. (chap. XIII: 45,105 fr. et chap. XVIII 65,000 fr.) pour le Service télégraphique. Si le Service local consentait à l'abandon de tout ou partie de cette subvention, la colonie pourrait, sous des conditions à déterminer, être déclarée propriétaire d'une fraction des 276,000 h. appartenant à l'Etat, dont il a été question plus haut.

Toutefois, avant de régler la question en ce sens et suivant les formes prescrites, je désire que vous l'examiniez de votre côté et que vous me fassiez connaître, s'il y a lieu, vos observations. Elles devraient être présentées dans le plus bref délai

Jusqu'à la solution à intervenir, aucune aliénation des terrains de l'Etat ne devra être faite au profit du budget local sans l'adhésion préalable du Département.

Je vous prie de donner immédiatement les ordres nécessaires.

Signé : F. FAURE.

Arrêtons-nous ici, Messieurs, et après avoir admiré la logique du Comité du contentieux, rendons un égal hommage à celle du Département qui ne lui cède en rien.

Ainsi, c'est bien entendu : les biens de l'Etat ne peuvent être aliénés que par un acte législatif, et toute la Calédonie est Domaine de l'Etat. Or, le Ministre nous propose de nous céder une partie de ce domaine.

Comment concilier cette offre avec ses théories en matière d'aliénation de biens nationaux ? Si réellement nous sommes ici régis par la loi de 1790, ne tombe-t-il pas sous le sens que le Ministre ne peut avoir aucune qualité pour nous céder une partie quelconque du Domaine de l'Etat ?

Mais, passons sur ce triste sujet ; qu'importe une contradiction de plus ou de moins ? Nous n'en sommes plus à les compter.

Donc, pour que la colonie fût déclarée propriétaire d'une *fraction* des 276,000 hectares restés disponibles, on lui demandait l'abandon de tout ou partie de la subvention de la Métropole pour le Service télégraphique.

Le Gouvernement refusa cet échange léonin ; aussi le châtiment ne se fit pas longtemps attendre : le 5 avril 1885, une nouvelle dépêche enlevait au budget de la colonie les produits du Domaine.

Nous étions alors sous le Gouvernement de M. Le Boucher, qui poussa vers le Département un véritable cri de détresse.

Voici en quels termes il s'exprimait à la date du 8 juillet 1885..................................

« Il me reste maintenant, M. le Ministre, à répondre au paragraphe final de la dépêche du 5 avril. Permettez-moi de le faire avec la respectueuse liberté que m'impose la situation particulière de la colonie dont vous m'avez confié la haute administration.

« Bien que le décret du 16 août stipule que les terrains autres que ceux compris dans les réserves pénitentiaires restent la propriété de l'Etat, bien qu'une communication ultérieure du Département m'ait pressenti sur les conditions auxquelles une partie de ces terrains pourrait être cédée à la colonie, j'estime, M. le Ministre, que l'on ne saurait priver le Service local d'une ressource qui, seule, a permis jusqu'ici de faire face aux nombreux et pressants besoins de la colonisation. Supprimer du budget local une pareille recette serait condamner le nouveau Conseil général à une impuissance absolue au moment d'aligner le budget. Ce seul motif m'impose le devoir, M. le Ministre, de vous demander avec instance la continuation de l'affectation aux recettes locales des divers revenus du Domaine. »

Cette prière a été entendue, car les produits du Domaine furent rétablis en partie au budget local.

Tel est aujourd'hui, Messieurs, l'état de la question. J'ajouterai que depuis 1885 nous possédons dans la colonie un fonctionnaire au zèle duquel je m'empresse de rendre hommage; c'est le Chef du Service du domaine de l'Etat, M. Carcopino-Tusoli. Je suis forcé de reconnaître que si le Service local avait eu autrefois à sa tête un fonctionnaire de ce mérite, nos droits ne seraient pas méconnus aujourd'hui, et nous n'en serions pas réduits à la situation déplorable que vous connaissez. Mais la présence de ce fonctionnaire et les mesures qu'il a prises jusqu'ici nous causent chaque jour des embarras plus grands, auxquels nous finirons par succomber si nous ne réagissons pas vigoureusement contre de tels actes.

Il faut sortir de l'impasse dans laquelle nous nous trouvons.

Ou bien l'Etat est propriétaire du Domaine colonial; et, dans ce cas, c'est lui qui doit subvenir aux dépenses de la Colonie, et le Conseil général, dont le rôle devient inutile, doit être supprimé ; ou c'est nous qui sommes propriétaires, et, dans ce cas, nous devons être mis en possession de notre domaine, qui seul peut nous procurer les ressources nécessaires pour subvenir aux charges que nous impose l'administration de la colonie. Mais il ne saurait y avoir de milieu : *ubi onus, ibi emolumentum.*

Des trois questions que j'ai posées au début de ma discussion, la première doit être déjà résolue dans votre esprit : les documents que j'ai fait défiler devant vous prouvent jusqu'à la dernière évidence qu'en fait la Colonie a possédé un domaine local jusqu'au 16 août 1884.

Ce domaine a-t-il été régulièrement constitué ? Les Gouverneurs qui ont réglementé la législation domaniale ont-ils agi en vertu de leurs pouvoirs ? Pour ma part, j'en suis fermement convaincu. Je n'en veux pas d'autre preuve que cet aveu implicite d'un homme dont toutes les idées, toutes les tendances et tous les actes n'ont eu d'autre but que de pousuivre la réalisation d'un Domaine de l'Etat danc la Colonie.

Voici comment s'exprime le rédacteur du décret du 16 août, M. Dislère, dans son ouvrage déjà cité sur les colonies :

« Jusqu'en 1883, le Département de la Marine semble vouloir observer vis-à-vis des empiètements de la Nouvelle-Calédonie l'attitude qu'il avoit eue à l'égard des Antilles et de la Réunion à partir de 1885.

« Mais la nécessité de déterminer le Domaine pénitentiaire et surtout de lui constituer une réserve qui lui permît de donner des concessions à des condamnés, fit sortir le Département de son inaction. Le décret du 16 août 1884 délimite le territoire pénitentiaire de la Nouvelle-Calédonie ; passant condamnation en quelque sorte sur les empiètements antérieurs, il garde le silence à leur égard ; mais, en ce qui concerne l'avenir, il attribue exclusivement à l'Etat (art. 3) le droit de propriété sur les terres actuellement occupées par les indigènes et qui deviendraient libres et vacantes.

« A la différence de ce qui s'est produit dans les autres colonies, le Domaine de l'Etat, s'il s'est trouvé réduit par les empiètements locaux, comprend donc, outre les bâtiments militaires, les fortifictions et les 50 pas géométriques, une réserve de territoires qui lui reviendront à un moment donné. »

Pour quiconque sait lire, il suit de ce que vous venez d'entendre, que le Domaine de l'Etat ne se compose en Nouvelle-Calédonie que des territoires qui lui ont été attribués par le décret du 16 août, c'est-à-dire du Domaine pénitentiaire et des réserves indigènes. En conséquence, toutes les terres autres que celles ci-dessus désignées sont et continueront d'être la propriété du Domaine local.

Or, ce sont ces terres, qui forment une superficie d'environ 276,000 hectares, dont le Département a la prétention de nous déposséder. Devons-nous nous soumettre servilement à cette exigence et laisser se consommer cette spoliation au nom d'une prétendue applicabilité de la loi de 1790?.

Qui de nous ne sait que cette loi n'est même pas le plus communément appliquée dans la Métropole elle-même? Depuis plus de soixante ans, sous les régimes les plus divers, les aliénations de biens nationaux s'y sont faites par de simples actes du pouvoir exécutif, agissant par une délégation tacite du pouvoir législatif. Celui-ci en approuvant les budgets, auxquels figuraient les prix de ces aliénations, ratifiait par ce seul fait les aliénations elles-mêmes.

L'argument tiré de la loi de 1790 ne serait donc que de bien peu de valeur en France. Ici, où nous vivons sous le régime des décrets, de par le Sénatus-Consulte de 1854, il n'en a absolument aucune. Comme le faisait observer avec raison le Département dans la dépêche que je vous ai citée, en date du 13 janvier 1881, les biens domaniaux sont dans les colonies aliénés ou échangés par de simples décrets. Or, c'est par des décrets du Chef de l'Etat, ou par des arrêtés des Gouverneurs agissant en vertu d'une délégation tacite du Chef de l'Etat, que le Domaine de la Colonie a été constitué. Et toutes les aliénations qui ont été faites jusqu'à ce jour ont reçu une entière ratification par l'approbation que l'autorité métropolitaine a donnée à tous les budgets locaux au compte desquels figuraient les prix de ces aliénations.

Notre situation est donc identique à celle de la Métropole. Nos droits reposent sur les mêmes bases : ils ne peuvent être sérieusement contestés.

Mais cela ne suffit pas, et puisque leur existence est mise en question, nous ne devons pas hésiter à les revendiquer hautement.

Je suis loin d'être un révolutionnaire, vous le savez, Messieurs, et nul n'est plus respectueux que moi des lois de mon pays. Mais toute patience à ses limites, et la modération ne doit pas être la pusillanimité.

Pour moi, nous n'avons plus qu'un moyen de sortir de la fausse situation où nous nous débattons depuis trop longtemps. Toutes les démarches, toutes les supplications jusqu'ici ont été sans résultat. Il y a un an, vous vous imposiez les plus lourds sacrifices pour accréditer l'un des vôtres auprès du Département à l'effet de lui porter l'expression de nos légitimes revendications. Vous savez quel zèle il a déployé dans cette délicate mission et le peu de succès que ses efforts ont rencontré.

Aujourd'hui, il nous faut agir plus énergiquement et plus efficacement aussi, il faut l'espérer.

Quand la patrie était en danger, le Sénat romain, déléguant tous ses pouvoirs aux Consuls, se séparait à ce cri connu : *Caveant consules !* Comme lui, nous ne devons nous séparer qu'après avoir remis aux mains de la Commission coloniale le soin de sauver au moins l'honneur de notre chère Colonie. Je vous abjure donc, Messieurs, au nom des graves intérêts dont nos concitoyens nous ont confié la garde, de vous réunir à moi dans une même et patriotique pensée, et de voter tous l'ordre du jour suivant que je dépose sur le bureau du Conseil :

LE CONSEIL GÉNÉRAL,

Vu la déclaration du Gouverneur des établissements français de l'Océanie en date du 20 janvier 1855, relative à la propriété des terres en Nouvelle-Calédonie ;

Vu les arrêtés locaux des 5 octobre 1862, 11 septembre 1875 et 11 mai 1880 sur la législation domaniale en Nouvelle-Calédonie ;

Vu les dépêches ministérielles des 26 janvier 1876 et 13 janvier 1881, relatives à ces arrêtés et contenant reconnaissance formelle du domaine de la colonie par le Département ;

Vu le décret du 12 décembre 1874 sur le Gouvernement de la Nouvelle-Calédonie, qui dispose, art. 40, § 2, que les concessions de terres font retour au domaine local, lorsque les concessionnaires n'ont pas rempli leurs obligations ;

Vu les instructions ministérielles pour l'exécution du dit décret, portant, art. 25 et 26, que tous les terrains libres et sans maîtres appartiennent au domaine colonial de la Nouvelle-Calédonie ;

Vu le décret financier du 20 novembre 1882, qui range, art. 42, au nombre des recettes des colonies, les revenus des propriétés coloniales ;

Vu le décret du 22 juillet 1883 sur le régime des mines en Nouvelle-Calédonie, qui attribue les redevances des mines à la colonie et donne au Gouverneur le droit de prononcer souverainement sur les demandes en concession ;

Vu le décret du 16 août 1884 qui porte délimitation du domaine pénitentiaire en Nouvelle-Calédonie et limite, en dehors de ce territoire, le domaine de l'Etat aux seules terres qui sont actuellement occupées par les indigènes et qui deviendront libres et vacantes par la suite ;

Vu la dépêche ministérielle du 15 décembre 1884, déterminant les conditions auxquelles les 276,000 hectares affectés par le décret du 16 août 1884 à la colonisation libre pourront être aliénés au profit du budget local de la Nouvelle-Calédonie ;

Considérant que, de l'ensemble des divers actes sus-visés, il résulte qu'en Nouvelle-Calédonie, le domaine local se compose de tous les biens et droits mobiliers et immobiliers, qui n'ont pas été spécialement réservés à l'Etat par les arrêtés des 11 septembre 1875 et 11 mai 1880 et par le décret du 16 août 1884 ;

Considérant que la propriété de ce domaine ainsi déterminé est aujourd'hui contestée à la colonie par le Département, qui revendique pour l'Etat toutes les terres encore disponibles ;

Considérant que la colonie a le devoir impérieux de résister à ces prétentions qui ne reposent sur aucun fondement ;

Considérant en effet, que, si au moment de l'occupation, tout le territoire a été déclaré domaine de l'Etat, cette déclaration a été modifiée postérieurement par des actes de la puissance souveraine qui ont constitué, au profit de la colonie, un domaine régulièrement établi ;

Que ces actes consistent tant en des décrets émanant du Chef de l'Etat, auquel le Sénatus Consulte de 1854 attribuait ce pouvoir, que par des arrêtés des Gouverneurs auxquels le Chef de l'Etat avait délégué son autorité ;

Qu'à l'égard de ces derniers, le Département est d'autant plus mal fondé à en contester la légitimité, qu'il les a lui-même à maintes reprises expressément ratifiés ;

Considérant, par suite, que la loi des 22 novembre, 1er décembre 1790 réglant le mode d'aliénation des domaines nationaux n'est point applicable à la Nouvelle-Calédonie, où elle n'a jamais été promulguée et où le régime des décrets est en vigueur ;

Considérant, d'ailleurs, que le Département a proposé à la Colonie de renoncer aux droits de l'Etat sur les terres actuellement disponibles moyennant l'abandon que la colonie ferait de la subvention de 110,105 francs qui lui est accordée pour le Service télégraphique, et que le fait seul de cette offre constitue un argument péremptoire contre la théorie tirée par le Département d'une prétendue applicabilité de la loi des 22 novembre, 1er décembre 1790 à la Nouvelle-Calédonie ;

Considérant qu'il importe à la colonie de faire trancher au plus tôt les difficultés pendantes entre elle et l'Etat relativement à son domaine ;

Qu'elle ne peut, en effet, continuer à supporter toutes les dépenses qui sont mises à sa charge, si elle n'a aucune ressource pour y faire face et si en définitive elle ne possède rien ;

Décide :

Une action sera intentée à l'Etat au nom de la colonie, par un membre de la Commission coloniale désigné par elle, conformément à l'article 49 du décret du 2 avril 1885 portant création d'un Conseil général à la Nouvelle-Calédonie.

Cette action aura principalement pour but :

1° De poursuivre le remboursement au Service local par l'Etat, de toutes les recettes du Service local perçues par l'Etat à n'importe quel titre que ce soit et notamment à l'occasion de ventes, locations ou occupations de terrains dépendant du domaine local;

2° De demander la nullité de tous baux, concessions ou permis d'occupation délivrés par le Chef du Service du domaine de l'Etat, concernant des terrains dépendant du domaine local ;

3° Et, plus généralement, de provoquer toutes décisions tendant à la reconnaissance et à la consécration des droits de la colonie relativement à son domaine et au paiement des indemnités qui peuvent lui être dues de ce chef ;

Un crédit de 5,000 francs est provisoirement mis à la disposition de la Commission coloniale pour subvenir aux premiers frais que nécessitera cette action. Ce crédit pourra être augmenté ultérieurement, s'il y a lieu.

Nouméa, le 17 mai 1887.

Lal. Desjardins.

La séance est suspendue à 4 heures 1/4 et reprise à 4 heures 1/2.

La parole est à M. Delabaume. Il dit qu'après la magistrale argumentation de M. Desjardins, il lui reste peu de chose à glaner sur le champ du Domaine. Il dit cependant que malgré les nombreux textes invoqués par M. Desjardins, on en pourrait citer beaucoup d'autres, dont l'énumération se trouve dans le rapport qu'il a adressé au Sous-Secrétaire d'Etat comme délégué à Paris du Conseil général.

Tous ces documents prouvent que, jusqu'en 1881, l'Etat n'avait jamais songé à revendiquer la propriété des territoires de la colonie.

Un des arguments sur lesquels le Département s'est appuyé avec le plus de complaisance est le suivant : la Direction de l'Intérieur aurait accordé avec imprudence d'immenses concessions à quelques spéculateurs sans souci des intérêts des petits colons. M. Delabaume dit que ce reproche se retourne contre son auteur. Comme représentant de la Société *Franco-Australienne*, il est mieux placé que tout autre pour prouver cette assertion. Cette Société a en effet obtenu à Gomen une concession de 26,000 hectares, au prix de certaines obligations sur lesquelles il n'y a pas à insister ici. Mais qui a consenti cette concession ? C'est le Ministère ! Qui a accordé à M. de Trazégnies la magnifique concession qui porte son nom ? C'est encore un décret. S'il existe des actes qui peuvent paraître imprudents en apparence, c'est au Département qu'il faut les attribuer.

En ce qui concerne le décret du 16 août 1884 et ses conséquences, M. Delabaume ne comprend pas qu'il ait pu donner naissance à la situation actuelle. Ce décret n'est pas, comme on l'a dit, la spoliation de la colonisation libre. On n'y voit nulle part que l'Etat s'arroge le droit d'occuper les territoires de la Nouvelle-Calédonie en dehors des réserves pénitentiaires. Ce décret n'est qu'une déduction des travaux de la Commission des 28, c'est-à-dire une simple délimitation. Et pourquoi l'Etat eut-il délimité s'il possédait tout? Quel besoin eût-il eu de se délimiter lui-même?

Par le décret du 16 août, l'Etat a tacitement reconnu qu'il existait à côté de lui un propriétaire en Nouvelle-Calédonie ; et ce propriétaire ne peut être que le Service local.

Au contraire, il résulterait de l'interprétation donnée au décret depuis sa promulgation, que le Service local ne possède rien dans la colonie. Là encore nous prenons le Ministère en flagrant délit d'illogisme, puisque dans le décret du 2 avril 1885, qui institue le Conseil général, il est constamment question des propriétés de la colonie. Au surplus quelle serait l'utilité du Conseil général et quels seraient ses moyens d'action s'il n'existait un domaine local ?

Ce sont ces mêmes arguments que j'ai eu l'honneur de développer devant le sous-secrétaire d'Etat, M. de la Porte, et devant M. Grodet, sous-Directeur des colonies; et c'est à leur attitude que j'ai compris qu'il fallait faire la part du feu en abandonnant à l'Administration pénitentiaire les 110,000 hectares que lui réserve le décret du 16 août, et en assurant au Service local la propriété de tout le reste. C'est à son ancien délégué que la colonie doit de n'avoir pas vu ces promesses se transformer en actes ; car, non content de me refuser son appui, il l'a prêté à M. Grodet. Grâce à ses démarches hostiles, il me fut répondu que je n'avais pas un caractère suffisamment officiel pour qu'on pût traiter avec moi.

Je pense que nous avons aujourd'hui épuisé tous les moyens de conciliation, et qu'il est temps de mettre fin à la lutte amiable dans laquelle nous nous sommes maintenus jusqu'à présent. Aussi je voterai des deux mains l'ordre du jour de M. Desjardins; et je le voterais encore plus volontiers si l'on y ajoutait un article plus énergique encore.

M. Simon, tout en rendant hommage à la vaste argumentation de M. Desjardins, pense que la colonie ne devrait pas se dessaisir des 110,000 hectares réservés par le décret du 16 août. C'est une valeur de deux millions qu'elle abandonnerait bénévolement, et qu'elle doit au contraire revendiquer.

M. Bernier déclare se rallier à l'ordre du jour de M. Desjardins et pense qu'en effet il y a lieu d'abandonner les 110.000 hectares réservés à la transportation pourvu que le domaine local soit constitué. Mais il existe cependant certains points compris dans les réserves pénitentiaires et que la colonisation libre, à laquelle ils sont indispensables, ne saurait sacrifier.

1° Les réserves pénitentiaires situées dans la ville de Nouméa sur la route du Port-des-Pointes, au camp des Moineaux et près de la caserne d'infanterie; ces réserves doivent faire retour au domaine communal de Nouméa;

2° Les terrains de la mission, qui, aux termes du décret du 16 août, doivent être réservés à la transportation ;

3° Une certaine étendue de pâturages et de forêts auprès des villages de l'intérieur, et qui, au lieu d'appartenir à l'Administration pénitentiaire, devrait constituer, comme en France, des biens communaux.

L'examen de ces questions est renvoyé à la prochaine séance.

M. Le Président, après avoir consulté le Conseil, prononce la clôture de la discussion et met aux voix l'ordre du jour de M. Desjardins.

M. Simon dépose l'amendement suivant :

« Je demande que la colonie n'abandonne pas les 110,000 hectares attribués à l'Administration pénitentiaire par le décret du 16 août 1884. »

Cet amendement est mis aux voix et rejeté.

L'ordre du jour de M. Desjardins est mis aux voix et adopté à l'unanimité, moins la voix de M. Simon.

....

....

La séance est levée à 6 heures moins un quart et renvoyée au vendredi 20 mai, à 2 heures de l'après-midi.

PIÈCES ANNEXES

DÉCRET DU 16 AOUT 1884

portant délimitation du Domaine pénitentiaire en Nouvelle-Calédonie.

DÉCRET

LE PRÉSIDENT DE LA RÉPUBLIQUE FRANÇAISE,

Sur le rapport du Ministre de la marine et des colonies ;

Vu l'article 18 du sénatus-consulte du 3 mai 1854, qui règle la constitution des colonies ;

Vu la loi du 30 mai 1854, sur l'exécution de la peine des travaux forcés ;

Vu le décret du 2 septembre 1863, qui autorise la création à la Nouvelle-Calédonie d'établissements pour l'exécution de la peine des travaux forcés ;

Vu le décret du 12 décembre 1874, concernant le gouvernement de la Nouvelle-Calédonie ;

Vu le décret du 31 août 1878, réglant la condition des transportés concessionnaires de terrains dans les colonies pénitentiaires ;

Vu le décret du 18 juin 1880 sur le régime disciplinaire des établissements de travaux forcés ;

Vu l'avis du comité du contentieux en date du 10 mars 1884,

DÉCRÈTE :

Art. 1er. La partie du territoire de la Nouvelle-Calédonie exclusivement réservée pour les besoins de la Transportation, teintée en vert sur la carte générale de la colonie ci-annexée, et bordée d'un liseré bleu céleste sur le plan particulier de Nouméa, également ci-annexé, comprend environ 110,000 hectares, répartis ainsi qu'il suit dans les cinq arrondissements de la Nouvelle-Calédonie, savoir :

1er Arrondissement

1° VILLE DE NOUMÉA. Ce territoire ayant une étendue d'environ 6 hectares, comprend :

Hôtel du Directeur de l'Administration pénitentiaire et dépendances ;

Hôtel du Commandant militaire et dépendances ;

Hôtel de l'Inspecteur des Services administratifs et financiers de la marine et des colonies ;

Hôtel du Sous-Directeur de l'Administration pénitentiaire ;

Bureaux de la Direction de l'Administration pénitentiaire ;

Magasin central et bureaux annexes de l'Administration pénitentiaire ;

Terrains pour les logements des fonctionnaires sur la route de Port-des-Pointes ;

Terrains comprenant le triangle situé entre la rue Solférino et la mer, ainsi que le rectangle sur lequel sont construits les bâtiments et ateliers des travaux et de la flottille pénitentiaire, (déduction faite du magasin de la flotte).

CAMP DES MOINEAUX, comprenant les terrains situés entre ce camp, l'hôpital civil projeté, la mer et la barrière du jardin du Gouverneur ;

Terrains situés près de la caserne d'infanterie sur lesquels l'Administration pénitentiaire a fait construire divers logements pour les fonctionnaires ;

Ces terrains sont indiqués sur le plan de la ville de Nouméa par un liseré bleu céleste. 6 hectares

2° CAMP DE MONTRAVEL (délimité par le procès-verbal n° 10)	65	—
3° ILE NOU (en entier)	431	—
4° ILOT BRUN (en entier)	20	—
5° PRESQU'ÎLE DUCOS (en entier)	947	—
6° ILE DES PINS (en entier, déduction faite des terrains occupés par les indigènes)	8,053	—
7° BAIE DU PRONY (limitée par la mer		
A Reporter......	9,522	

Report...... 9,522

de l'embouchure de la rivière Neré à la baie N'go, déduction faite des terrains occupés par les indigènes). 20,000 —

8° ILE UEN (en entier)... .... 3,000 —

9° TERRAINS *dits* DE LA MISSION, déduction faite de 1,600 hectares attribués à la société civile et aux indigènes)................ .... 4,400 —

Superficie totale du territoire pénitentiaire dans le 1er arrondissement. 36,922 hectares

2e Arrondissement

10° TERRITOIRE DE CANALA......... 107 hectares

Ce territoire comprend : magasin des vivres et dépendances; camp des condamnés et dépendances; presbytère; église et dépendances; pénitencier agricole et dépendances; anciennes concessions Lemanche et Castel.

11° TERRITOIRE DE CIU............ 210 —

12° TERRITOIRE DE KUAUA.......... 1,000 —

13° LA FOA-FONWHARI.............. 10,705 —

Lieu *dit* : Ambouimaran, Vallée de la Foa, Vallée de la Fonwhari.

Sources de la Moindou (Farino, branche Est).

Sources de la Moindou *dit* branche de Koné.

Superficie totale du territoire pénitentiaire dans le 2e arrondissement.. 12,022 hectares

3e Arrondissement

14° Territoire de Bourail......... Comprenant : vallée de Bourail-Gouaro; Nessadiou, rive droite et rive gauche; route de Bourail à Ouarail; Néra, rive droite et rive gauche; vallée de la Boghen; Casi, Caillou et Téné; Pouhéo et Ni.	17,363 hectares
15° Territoire de Poya... .... Comprenant la rive droite et la rive gauche de la Poya	4,740 —
16° Territoire de Monroh........ Comprenant : vallée de Monroh; vallée de Païta; vallée d'Adio; vallée de Montfaoué.	4,200 —
17° Territoire d'Ouma Bras d'Yahoué........................	1,200 —
Superficie totale du territoire pénitentiaire dans le 3e arrondissement...	27,503 hectares

4e Arrondissement

18° Territoire de Pouembout.... Comprenant : Pouembout; Vallées de Ouande, Paola et Papana; embouchure de Pouembout; îlot Konien..................	11,002 hectares
19° Territoire de Koné.......... Comprenant : Koné, (rive droite et rive gauche), déduction faite du village libre de Koniambo	2,400 —
20° Territoire de Goyeta........	1,200 —
21° Territoire de Hienguène (rive droite et rive gauche)........	1,100 —
22° Territoire d'Amoa...........	880 —
Superficie totale du territoire pénitentiaire dans le 4e arrondissement	16,582 hectares

5e Arrondissement

23° Territoire de Temala........	800 hectares
24° Territoire de Taom..........	1,200 —
25° Territoire de Katembé......	1,238 —
26° Territoire de Koligo (vallée de la Youanga)..............	950 —
26° *bis*. Territoire de la Youanga	650 —
27° Territoire de Koumac.......	670 —
28° Territoire de Néhoué (vallée de Néhoué, vallée de Maleo)..	3,418 —
29° Territoire du Diahot....... Vallée de Ouamali; rive droite et rive gauche du Diahot, terrains compris entre le Diahot et la Balade............	5,440 —
30° Territoire de la Balade....	1,073 —
31° Territoire de Tcheleine....	880 —
Superficie totale du territoire pénitentiaire dans le 5e arrondissement	16,319 hectares

Art. 2. Les terres actuellement occupées par les indigènes et qui deviendraient libres et vacantes feront retour à l'État.

Art. 3. Les territoires indiqués dans l'article 1er donneront lieu à des procès-verbaux de délimitation visés par le Gouverneur en Conseil privé et soumis à l'approbation du Ministre de la marine et des colonies.

Art. 4. Le Ministre de la marine et des colonies est chargé de l'exécution du présent décret, qui sera inséré au *Bulletin des lois* et au *Bulletin officiel de la marine*.

Fait à Mont-sous-Vaudrey, le 16 août 1884.

Jules GRÉVY.

Par le Président de la République ;

Le Vice-Amiral,

Ministre de la marine et des colonies,

A. Peyron.

COMITÉ CONSULTATIF DU CONTENTIEUX

Examens de divers actes concernant les terrains possédés par la Mission de la Nouvelle-Calédonie.

(Séance du 10 mars 1884.)

Le Comité consultatif du contentieux de la marine et des colonies qui, sur le renvoi effectué par le Ministre, a pris connaissance d'un dossier concernant les terrains possédés par la Mission en Nouvelle-Calédonie,

Vu la dépêche ministérielle du 13 février 1884, saisissant le Comité de l'examen de cette affaire;

Vu l'avis du Comité du contentieux, en date du 4 mai 1883;

Vu la déclaration du Gouverneur des établissements français de l'Océanie en date du 20 janvier 1855, relative à la propriété des terres en Nouvelle-Calédonie;

Vu les arrêtés des 23 avril 1855, 7 octobre 1859, 1er mai et 14 septembre 1872, conférant à la Mission la propriété des terres achetées aux indigènes antérieurement à la prise de possession de l'île par la France;

Vu l'arrêté du 15 décembre 1857 portant concession à la Mission des terrains de la Conception et de St-Louis;

Vu la dépêche ministérielle du 5 juin 1883, invitant le Gouverneur de la Nouvelle-Calédonie à faire préparer les actes nécessaires pour réaliser la transaction projetée, sur la proposition de la Mission, entre cette dernière et l'Administration;

Vu les actes soumis à l'approbation du Ministre, savoir :

1° Un acte de renonciation, par le fondé de pouvoirs de la Mission, aux terrains qu'elle occupe en Nouvelle-Calédonie;

2° Un acte de société passé entre les divers membres de la Mission;

3° Un arrêté portant concession à la dite société de divers terrains d'une superficie approximative de 1,151 hectares;

4° Un arrêté créant au profit des indigènes de Saint-Louis et de la Conception diverses réserves de terrains d'une contenance totale de 817 hectares.

Vu le décret du 12 décembre 1874 sur le gouvernement de la Nouvelle-Calédonie;

Vu les arrêtés locaux des 5 octobre 1862, 11 septembre 1875 et 11 mai 1880 sur la législation domaniale en Nouvelle-Calédonie;

Vu la loi des 22 novembre, 1er décembre 1790 spécifiant les conditions dans lesquelles peut être aliéné le domaine national;

Ensemble les pièces du dossier:

Considérant que la Mission de la Nouvelle-Calédonie a proposé au Gouvernement la renonciation aux propriétés qu'elle détient, soit en vertu d'acquisitions faites aux indigènes, soit en vertu d'actes émanés des Gouverneurs agissant au nom de l'Etat français;

Considérant qu'en conséquence de cette proposition une renonciation signée de tous les membres composant ladite Mission a été remise au Gouverneur de la colonie;

Considérant d'autre part qu'une Société civile régulièrement constituée et dans laquelle figurent les membres de la Mission demande à ce qu'il lui soit fait concession de divers terrains d'une contenance d'environ 1,151 hectares;

Considérant que la dite société justifie des ressources nécessaires pour mettre en valeur les immeubles ci-dessus; que ses membres ont d'ailleurs rendu des services à la colonie;

Considérant que les conventions accessoires à ces divers actes, à savoir : la réserve de certains terrains au profit des indigènes et l'application à la construction d'une église du prix de vente d'une portion relativement faible des terres abandonnées sont justes et légitimes;

Considérant que les actes communiqués sont également avantageux : 1° pour l'Etat qui rentre ainsi, sans litige, en possession de vastes espaces dont il pourra disposer; 2° pour les missionnaires dont les droits sont ainsi rendus inattaquables;

Mais considérant que les dits actes ont été libellés en vue d'un retour des terres abandonnées au Domaine local, lequel rétrocèderait ensuite, comme il le jugerait convenable, au Service pénitentiaire les terrains dont ce dernier a besoin ; qu'ainsi, l'acte de renonciation est signé du Directeur de l'Intérieur « agissant au nom et comme représentant du Domaine local » que l'abandon est stipulé en faveur du Domaine local ;

Considérant que la déclaration de prise de possession des terres de la Nouvelle-Calédonie, en date du 20 janvier 1855 a été faite pour le compte de l'Etat au nom duquel ont été effectuées les reconnaissances de propriétés et concessions consenties au profit des missionnaires les 23 avril 1855, 7 octobre 1859, 1er mai et 14 septembre 1872 ; que les droits de l'Etat formellement affirmés dans les arrêtés des 10 avril 1855, 1er juin 1857, 1er octobre 1859 et 5 octobre 1862 n'ont été contredits par aucun des actes intervenus sur la législation domaniale jusqu'en 1875 ;

Considérant que, si des arrêtés en date des 11 septembre 1875 et 11 mai 1880, ont, pour la première fois, fait un départ entre le Domaine public, le Domaine de l'Etat et le Domaine de la colonie, en réservant à cette dernière les biens vacants et sans maître, les successions en déshérence et toutes les terres devenues la propriété de l'Etat en vertu de la déclaration précitée du 20 janvier 1855, ces arrêtés émanés de l'autorité locale, n'ont pu avoir pour effet de déposséder l'Etat d'une partie quelconque de son domaine ;

Considérant en effet que la loi des 22 novembre, 1er décembre 1790, tout en déclarant les biens domaniaux désormais inaliénables, a prescrit dans son article 8 que cette aliénation ne pouvait jamais avoir lieu qu'en vertu d'un acte législatif ; que cette règle confirmée par la législation postérieure, notamment par l'article 35 de la loi du 22 avril 1815, n'a reçu aucune dérogation en ce qui touche la Nouvelle-Calédonie, que par suite les arrêtés précités du Gouverneur sont nuls et de nul effet, en tant qu'ils ont arbitrairement attribué une partie du Domaine de l'Etat à la colonie ;

Considérant dès lors que les terrains abandonnés par la Mission doivent faire retour au Domaine de l'Etat d'où ils proviennent, et non au Domaine local qui n'y a aucun droit ;

Est d'avis :

Qu'il y a lieu par le Ministre d'approuver les actes soumis à sa sanction sous les réserves suivantes :

1° Dans l'acte de renonciation, l'intervention du Gouverneur agissant au nom de l'Etat devra remplacer celle du Directeur de l'Intérieur stipulant au nom du Domaine local ;

2° L'abandon des terrains devra être fait au profit de l'Etat et non du Domaine local.

Le Rapporteur,
A. Wilhelm.

Le Président,
H. Duboy.

1re Ordonnance du 26 janvier 1825

26 janvier, promulguée le 1er novembre 1825. — Ordonnance du Roi, portant qu'à dater du 1er janvier 1826, les troupes, et autres, nécessaires au service militaire des coloniest seront fournis par le Département de la guerre, qui pourvoira en même temps, à la confection aux réparations et à l'entretien des fortificatious et bâtiments militaires, (8. Bulletin 63, n° 2031.)

CHARLES, etc,.....

Sur le rapport de notre Ministre, secrétaire d'Etat de la marine et des colonies.

NOUS AVONS ORDONNÉ ET ORDONNONS CE QUI SUIT :

Art. 1er. A dater du 1er janvier 1826, le Département de la guerre fournira, pour les colonies, indépendamment des garnisons d'infanterie, les détachements d'artillerie et d'ouvriers d'artillerie, la gendarmerie à pied ou à cheval, les officiers d'Etat-major du génie, de l'artillerie et des places, les ingénieurs géographes, et généralement tous officiers sans troupes et autres nécessaires au service militaire de ces établissements.

Le corps de cipayes de l'Inde demeure excepté. Il continuera d'être commandé par des officiers des corps d'infanterie de la marine, conformément à l'ordonnance royale du 28 juillet dernier.

Les compagnies d'ouvriers et de sapeurs du génie et les brigades du train des équipages militaires qui avaient été formées dans quelques unes de nos colonies, seront licenciées avant le 31 décembre 1825.

Art. 2. Le Département de la guerre pourvoira dans nos colonies, à dater de 1826, à la confection, aux réparations et à l'entretien des fortifications, des batiments militaires, des batteries et autres ouvrages de défense, et généralement à toutes dépenses du matériel de l'artillerie et du génie.

Tous les projets relatifs à ces divers travaux seront fournis par l'intermédiaire de notre Ministre de la marine, au Ministre secrétaire d'Etat de la guerre, pour être soumis au Comité de l'artillerie et du génie, dans le même forme que le sont ceux des places de France.

Art. 3. Le montant des dépenses énoncées aux articles précédents qui ne sont pas comprises au budget de la guerre en 1825 sera ajouté au budget de ce Département pour 1826, au moyen de la déduction de pareille somme sur le budget du Département de la marine.

Art. 4. Le Ministre de la marine continuera de diriger seul aux colonies, ainsi qu'il l'a fait jusqu'à ce jour, le service militaire dans toutes ses parties.

Art. 5. Les dispositions de l'ordonnance royale du 30 décembre 1823 cesseront d'avoir leur effet à partir du 1er janvier 1826.

Art. 6. Nos Ministres des finances, de la guerre et de la marine sont chargés, etc......

2me Ordonnance du 26 janvier 1825

26 janvier. Promulguée le 1er novembre 1825. — Ordonnance du Roi qui supprime du budget du Département de la Marine le chapitre XI, Service colonial; rattache aux dépenses de la guerre et de la marine les dépenses qui en sont susceptibles, et charge la Martinique, la Guadeloupe et l'île de Bourbon de pourvoir à leurs dépenses intérieures sur les revenus locaux, (8. Bull. 63, n° 242).

Charles etc....

Vu notre ordonnance de ce jour, qui a pour objet de faire porter au budget de la guerre, à dater de 1826, le complément des dépenses du Service militaire de nos colonies;

Sur le rapport de notre Ministre, secrétaire-d'Etat de la Marine et de Colonies,

Notre Conseil entendu,

NOUS AVONS ORDONNÉ ET ORDONNONS CE QUI SUIT :

Art. 1er. Les dépenses des colonies qui sont susceptibles d'être rattachées aux divers chapitres du Service marine, y seront ajoutées à dater de 1826.

Art. 2. Le crédit du Service de la marine sera augmenté du montant de celles desdites dépenses qui ne sont pas comprises dans le crédit du même Service pour 1825.

Art. 3. Les dépenses des colonies qui se rattachent aux dépenses de la guerre et de la marine, étant ainsi mises à la charge des deux Départements, il ne sera plus fait d'allocation spéciale sur les fonds du Trésor royal aux colonies de la Martinique, de la Guadeloupe et de Bourbon; ces colonies seront désormais chargées de pourvoir sur leurs revenus locaux à toutes dépenses autres que celles qui sont portées au compte de la guerre et de la marine; à cet effet, il leur est fait entier abandon desdits revenus, quelles qu'en soient la nature et l'origine. Dans les établissements de l'Inde, le service continuera d'être réglé ainsi qu'il l'est actuellement, sous la déduction des dépenses qui sont mises à la charge de la marine.

Art. 4. Le produit de la rente de 4 lacks de roupies sicca qui est payée en France par le Gouvernement anglais dans l'Inde, sera laissé à la disposition de notre Ministre de la marine, pour subvenir dans les autres colonies aux diverses parties du service.

Les arrérages de ladite rente seront versés successivement à la Caisse des invalides de la marine, notre Ministre de la marine est autorisé à conserver dans cette Caisse, à titre de réserve, pour les besoins imprévus de nos colonies, la portion de ces fonds qui resterait sans emploi à la fin de chaque exercice.

Art. 5. Au moyen de ces dispositions, le chapitre XI du budget du Département de la marine, lequel comprenait les dépenses du Service colonial; est et demeure supprimé.

Art. 6. Nos Ministres secrétaires d'Etat des finances et de la marine sont chargés etc......

Ordonnance du 17 août 1825.

17 août 1825. Promulguée le 1er novembre 1825. — Ordonnance du roi qui fait abandon aux colonies de la Guyane française, du Sénégal et des Établissements de l'Inde, de leurs revenus totaux pour leurs dépenses intérieures, (8. *Bull.* 53, *n°* 2043).

CHARLES, etc....

Vu nos deux ordonnances du 26 janvier dernier qui ont prescrit, à dater de 1826, diverses dispositions relatives à une nouvelle classification des dépenses des colonies;

Vu la loi de finances du 13 juin 1825, laquelle a confirmé celles de ces dispositions qui exigeaient le concours des Chambres;

Voulant pourvoir aux mesures nécessaires pour le complément d'exécution de ce nouveau système, dont l'effet est de faire payer sur les fonds de la guerre et de la marine les dépenses coloniales qui se rattachent au service de ces deux Départements, et de laisser à la charge des colonies toutes celles qui intéressent leur administration intérieure,

NOUS AVONS ORDONNÉ ET ORDONNONS CE QUI SUIT :

Art. 1er. En conséquence de ce qui a été stipulé à l'égard de nos colonies de la Martinique, de la Guadeloupe et de Bourbon, par l'article 3 de notre seconde ordonnance du 26 janvier dernier, il est fait, à dater de 1826, à nos colonies de la Guyane française et du Sénégal, et à nos établissements de l'Inde, entier abandon de leurs revenus locaux pour être appliqués à l'acquittement des dépenses de leur service intérieur; demeure exceptée la rente de quatre lacks de roupies sicca payable par la Compagnie anglaise de l'Inde, et dont l'emploi a été réglé par la susdite or- ordonnance.

Art. 2. Les fonds libres qui pourront provenir des exercices 1825 et antérieurs, et les approvisionnements autres que ceux appartenant à l'artillerie ou aux divers services de la marine qui existeront dans les magasins, chantiers et ateliers, au 31 décembre prochain, seront applicables aux besoins du service intérieur des colonies, à la charge par elles de pourvoir respectivement au paiement intégral des dépenses dûment autorisées qui resteraient à acquitter sur les années 1816 et postérieures.

Art. 3. *Les établissements publics de toute nature et les propriétés domaniales existant dans nos diverses colonies leur seront remis en toute propriété, à la charge de les réparer et entretenir, et de n'en disposer que sur notre autorisation.*

Sont également remis aux colonies les noirs et les objets mobiliers attachés aux différentes branches du service.

Art. 4. *Ne sont pas compris dans les établissements* dont il est question à l'article précédent, les bâtiments militaires *(à l'exception des hôpitaux)*, les fortifications, les batteries, forts et autres ouvrages, lesquels restent la propriété de l'Etat.

Art. 5. Notre ministre de la marine et des colonies est chargé, etc.

NOUMÉA. — IMPRIMERIE NOUMÉENNE.

www.ingramcontent.com/pod-product-compliance
Lightning Source LLC
LaVergne TN
LVHW010045230826
846091LV00005B/1879

* 9 7 8 2 0 1 3 3 7 2 4 1 1 *